Para

com votos de paz.

DIVALDO FRANCO
PELO ESPÍRITO JOANNA DE ÂNGELIS

O SER CONSCIENTE

EDITORA LEAL

Salvador
18. ed. – 2024

COPYRIGHT © (1993)
CENTRO ESPÍRITA CAMINHO DA REDENÇÃO
Rua Jayme Vieira Lima, 104
Pau da Lima, Salvador, BA.
CEP 412350-000
SITE: https://mansaodocaminho.com.br
EDIÇÃO: 18. ed. (7ª reimpressão) – 2024
TIRAGEM: 3.000 exemplares (milheiro: 81.000)
COORDENAÇÃO EDITORIAL
Lívia Maria C. Sousa

REVISÃO
Ana Landi • Plotino da Matta
CAPA
Cláudio Urpia
MONTAGEM DE CAPA
Ailton Bosco
EDITORAÇÃO ELETRÔNICA
Lívia Maria C. Sousa
COEDIÇÃO E PUBLICAÇÃO
Instituto Beneficente Boa Nova

PRODUÇÃO GRÁFICA
LIVRARIA ESPÍRITA ALVORADA EDITORA – LEAL
E-mail: editora.leal@cecr.com.br

DISTRIBUIÇÃO
INSTITUTO BENEFICENTE BOA NOVA
Av. Porto Ferreira, 1031, Parque Iracema. CEP 15809-020
Catanduva-SP.
Contatos: (17) 3531-4444 | (17) 99777-7413 (WhatsApp)
E-mail: boanova@boanova.net
Vendas on-line: https://www.livrarialeal.com.br

Dados Internacionais de Catalogação na Publicação (CIP)
(Catalogação na fonte)
BIBLIOTECA JOANNA DE ÂNGELIS

F825   FRANCO, Divaldo Pereira. (1927)

O ser consciente. 18. ed. / Pelo Espírito Joanna de Ângelis [psicografado por] Divaldo Pereira Franco. Salvador: LEAL, 2024 (Série Psicológica, volume 5).
168 p.
ISBN: 978-85-61879-87-7

1. Espiritismo 2. Psicologia 3. Consciência
I. Franco, Divaldo II. Título

CDD: 133.93

Bibliotecária responsável: Maria Suely de Castro Martins – CRB-5/509

DIREITOS RESERVADOS: todos os direitos de reprodução, cópia, comunicação ao público e exploração econômica desta obra estão reservados, única e exclusivamente, para o Centro Espírita Caminho da Redenção. Proibida a sua reprodução parcial ou total, por qualquer meio, sem expressa autorização, nos termos da Lei 9.610/98.
Impresso no Brasil | Presita en Brazilo

SÚMULA

O ser consciente	7
1 A QUARTA FORÇA	13
Definição e conceito	17
O homem psicológico maduro	21
Modelos e paradigmas	28
A nova estrutura do ser humano	32
2 SER E PESSOA	37
A pessoa	37
Fatores de desequilíbrio	42
Condições de progresso e harmonia	48
3 PROBLEMAS E DESAFIOS	53
Êxito e fracasso	53
Dificuldades do *ego*	57
Neurose	60
4 FATORES DE DESINTEGRAÇÃO DA PERSONALIDADE	65
Autocompaixão	65
Queixas	68
Comportamentos exóticos	70

5 Problemas humanos	75
Gigantes da alma: ressentimento, ciúme e inveja	78
Necessidade de valorização	84
Padrões de comportamento: mudanças	88
6 Condicionamentos	93
O Bem e o Mal	93
Paixão e libertação psicológica	97
Enfermidade e cura	100
7 A conquista do *Self*	107
Mecanismos de fuga do *ego:* Compensação,	
Deslocamento, Projeção, Introjeção e Racionalização	109
Medo e morte	117
Referenciais para a identificação do Si	121
8 Silêncio interior	125
Desidentificação	128
Liberação dos conteúdos negativos	131
O essencial	134
9 A felicidade	139
Prazer e gozo	139
Felicidade em si mesma	144
Condições de felicidade	145
Plenificação pela felicidade	151
10 Conquista de si mesmo	153
O homem consciente	153
Ter e ser	157
A conquista de si mesmo	160

O SER CONSCIENTE

Esmagado por conflitos que não amainam de intensidade, o homem moderno procura mecanismos escapistas, em vãs tentativas de driblar as aflições transferindo-se para os setores do êxito exterior, do aplauso e da admiração social, embora os sentimentos permaneçam agrilhoados e ferreteados pela angústia e pela insatisfação.

As realizações externas podem acalmar as ansiedades do coração, momentaneamente, não, porém, erradicá-las, razão por que o triunfo externo não apazigua interiormente.

Condicionado para a conquista das coisas, na concepção da meta plenificadora, o indivíduo procura soterrar os conflitos sob as preocupações contínuas, mantendo-os, no entanto, vivos e pulsantes, até quando ressumam e sobrepõem-se a todos os disfarces, desencadeando novos sofrimentos e perturbações devastadoras.

O homem pode e deve ser considerado como sendo sua própria mente.

Aquilo que cultiva no campo íntimo, ou que o propele com insistência a realizações, constitui a sua essência e legitimidade, que devem ser estudadas pacientemente, a fim de poder enfrentar os paradoxos existenciais − parecer e ser −, as inquietações e tendências que o comandam, estabelecendo os paradigmas corretos para a jornada, liberado dos choques interiores em relação ao comportamento externo.

Ignorar uma situação não significa eliminá-la ou superá-la. Tal postura permite que os seus fatores constitutivos cresçam e se desenvolvam, até o momento em que se tornam insustentáveis, chamando a atenção para enfrentá-los.

O mesmo ocorre com os conflitos psicológicos. Estão presentes no homem, que, invariavelmente, não lhes dá valor, evitando deter-se neles, analisar a própria fragilidade, de modo a encontrar os recursos que lhe facultem diluí-los.

Enraizados profundamente, apresentam-se na consciência sob disfarces diferentes, desde os simples complexos de inferioridade, os narcisismos, a agressividade, a culpa, a timidez, até os estados graves de alienação mental.

Todo conflito gera insegurança, que se expressa multifacetadamente, respondendo por inomináveis comportamentos nas sombras *do medo e das condutas compulsivas.*

Suas vítimas padecem situações muito afligentes, tombando no abandono de si mesmas, quando as resistências disponíveis se exaurem.

O ser consciente deve trabalhar-se sempre, partindo do ponto inicial da sua realidade psicológica, aceitando-se como é e aprimorando-se sem cessar.

Somente consegue essa lucidez aquele que se autoanalise, disposto a encontrar-se sem máscara, sem deterioração. Para isso, não se julga, nem se justifica, não se acusa nem se culpa. Apenas descobre-se.

À identificação segue-se o trabalho da transformação interior para melhor, utilizando-se dos instrumentos do autoamor, da autoestima, da oração que estimula a capacidade de discernimento, da relaxação que libera das tensões, da meditação que faculta o crescimento interior.

O ser consciente

O autoamor ensina-o a encontrar-se e desvela os potenciais de força íntima nele jacentes.

A aloestima leva-o à fraternidade, ao convívio saudável com o seu próximo, igualmente necessitado.

A oração amplia-lhe a faculdade de entendimento da existência e da Vida real.

A relaxação proporciona-lhe harmonia, horizontes largos para a movimentação.

A meditação ajuda-o a crescer de dentro para fora, realizando-se em amplitude e abrindo-lhe a percepção para os estados alterados de consciência.

O autoconhecimento se torna uma necessidade prioritária na programática existencial da criatura. Quem o posterga, não se realiza satisfatoriamente, porque permanece perdido em um espaço escuro, ignorado dentro de si mesmo.

Foi necessário que surgissem a Psicologia Transpessoal e outras áreas doutrinárias com paradigmas bem-definidos a respeito do ser humano integral, para que se pudesse propor à vida melhores momentos e mais amplas perspectivas de felicidade.

A contribuição da Parapsicologia, da Psicobiofísica, da Psicotrônica, ampliou os horizontes do homem, propiciou-lhe o encontro com outras dimensões da vida e possibilidades extrafísicas de realização, que permaneciam soterradas sob os escombros do inconsciente profundo, ou adormecidas nos alicerces da consciência.

Antes, porém, de todas essas disciplinas psicológicas e doutrinas parapsíquicas, o Espiritismo descortinou para a criatura a valiosa possibilidade de ser consciente, concitando-a ao autoencontro e à autodescoberta a respeito da vida além dos estreitos limites materiais.

Perfeitamente identificado com os elevados objetivos da existência terrestre do ser humano, Allan Kardec questionou os Espíritos benfeitores: – Qual o meio prático mais eficaz que tem o homem de se melhorar nesta vida e de resistir à atração do mal?

Eles responderam: – Um sábio da antiguidade vo-lo disse: conhece-te a ti mesmo.[1]

Comentando a resposta, Santo Agostinho, Espírito, entre outras considerações explicitou:

> *(...) O conhecimento de si mesmo é, portanto, a chave do progresso individual. Mas, direis, como há de alguém julgar-se a si mesmo? Não está aí a ilusão do amor-próprio para atenuar as faltas e torná-las desculpáveis? O avarento se considera apenas econômico e previdente; o orgulhoso julga que em si só há dignidade. Isto é muito real, mas tendes um meio de verificação que não pode iludir-vos. Quando estiverdes indecisos sobre o valor de uma de vossas ações, inquiri como a qualificaríeis se praticada por outra pessoa...*

E prosseguiu:

> *(...) Dê balanço no seu dia moral para, a exemplo do comerciante, avaliar suas perdas e seus lucros, e eu vos asseguro que a conta destes será mais avultada que a daquelas. Se puder dizer que foi bom o seu dia, poderá dormir em paz e aguardar sem receio o despertar na outra vida.*

---

[1] *O Livro dos Espíritos* – questão 919, 29. ed. da FEB.

O ser consciente

Na análise diária e contínua dos atos, o auto e o aloamor serão decisivos para a avaliação. A oração e a meditação irão constituir recurso complementar para a fixação das conquistas.

Quem ora, fala; quem medita, ouve, dispondo dos recursos para exteriorizar-se e interiorizar-se.

Há, no entanto, estruturas psicológicas muito frágeis ou assinaladas por distúrbios de comportamento grave. Nesses casos, urge o concurso da Ciência Espírita, com as terapias profundas que dispõe; e, de acordo com a intensidade do distúrbio, torna-se necessária a ajuda do psicoterapeuta, conforme a especificidade do problema, que será equacionado pela Psicologia, pela Psicanálise ou pela Psiquiatria.

Em muitos conflitos humanos, entretanto, ocorrem interferências espirituais variadas, gerando quadros de obsessões complexas, para os quais somente as técnicas espíritas alcançam os resultados desejados, por se tratarem, esses agentes perturbadores, de entidades extracorpóreas, porém portadores dos mesmos potenciais das suas vítimas: sentimentos e emoções, inteligência e lucidez, experiências e vidas.

O ser consciente é austero, mas sem carranca; é jovial, porém sem vulgaridade; é complacente, no entanto sem conivência; é bondoso, todavia sem anuência com o erro. Ajuda e promove aquele que lhe recebe o socorro, seguindo adiante sem cobrar retribuição.

É responsável, e não se permite o vão repouso enquanto o dever o aguarda. Conhecendo suas possibilidades, coloca-as em ação sempre que necessário, aberto ao amor e ao Bem.

Só o amadurecimento psicológico, através das experiências vividas, libera a consciência do ser, e, ao consegui-la, ei-lo feliz, conquistando a Terra da Promissão *bíblica.*

Este modesto livro, que ora trazemos à análise do caro leitor, pretende, sem presunção, auxiliá-lo na conquista da consciência.
Não apresenta qualquer técnica nova ou milagrosa.
Estuda algumas problemáticas humanas à luz da Quarta Força em Psicologia, *colocando uma ponte na direção da Doutrina Espírita, que é portadora de uma visão profunda e integral do ser.*
Confiamos que será útil a alguém que se encontre aflito ou fugindo de si mesmo, ajudando-o na solução do seu problema, e isto nos compensará plenamente.

Salvador, 19 de maio de 1993.
JOANNA DE ÂNGELIS

1

A Quarta Força

Definição e conceito · O homem psicológico
maduro · Modelos e paradigmas ·
A nova estrutura do ser humano

Os estudiosos da criatura humana, embora os rígidos controles exercidos pelas conquistas freudianas, anelavam por ampliar os horizontes da compreensão em torno de fenômenos complexos e abrangentes, transumanos, capazes de elucidar problemas profundos da personalidade.

As explicações *junguianas* amplas, procurando enfeixar nos arquétipos todas as ocorrências da paranormalidade, deixaram espaços para reformulações de conceitos e especulações que se libertam dos modelos e paradigmas acadêmicos, atendendo com mais cuidado, e observações menos ortodoxas, os acontecimentos desprezados, por considerados patológicos ou fraudulentos.

Vez que outra, surgiram ensaios e tentativas de ampliação de conteúdos, como efeito das experiências de Rhine, Wilber, Grof, Kübler Ross, Moody Jr., Maslow, Walsh, Vaughan, Assagioli, Capra e outros corajosos pioneiros que se preocuparam em ir além dos padrões estabelecidos, penetrando a sonda da investigação no inconsciente e concluindo por novas realidades, antes execradas, lentamente acumulando dados capazes de suportar refutação, crítica e desprezo.

Era necessário revisar o potencial humano em toda a sua complexidade, sem preconceitos nem receios.

As teorias apressadas, que pretendiam reduzir a alma a um epifenômeno de vida efêmera, vinham sendo superadas pelas pesquisas de laboratório na área da Parapsicologia, da Psicobiofísica, da Psicotrônica e da Ciência Espírita, cujos dados valiosos avolumaram-se de tal forma, com a contribuição da transcomunicação instrumental, que não havia alternativa senão ampliar o esquema de interpretação do psiquismo, criando-se o que se convencionou denominar como a *Quarta Força* — além do Comportamentalismo (Behaviorismo), da Psicanálise e da Psicologia Humanista —, que é a Psicologia Transpessoal ou profunda.

Indispensável coragem para enfrentar o ceticismo e a arrogância dos acadêmicos, dos reducionistas que, mesmo diante do *numinoso,* de Jung, permaneciam aferrados ao organicismo e à hereditariedade, aos fatores derivados das pressões de toda ordem, às sequelas das enfermidades infecciosas, aos traumatismos físicos e psicológicos...

Os avanços da *Física Quântica, a relatividade do tempo e do espaço,* a *Teoria da Incerteza,* abriram perspectivas psicológicas dantes sequer sonhadas, tendo-se em vista o conceito do *vir a ser.*

A abrangência da consciência como estágio mais elevado do processo antropossociopsicológico do ser, passou a exigir mais acurada penetração, ampliando o quadro de entendimento dos dementes (*autist savant* ou *sábio idiota*), portadores de capacidades e aptidões luminosas, perturbadoras... Revelando-se matemáticos, músicos, artistas plásticos, linguistas que, de repente, romperam o véu do silêncio e passaram a comunicar-se com lucidez, apresentando dotes

O ser consciente

de excepcional capacidade realizadora, puseram-se a exigir elucidações que destruíssem as tradições negativas, atualizando a predominância do Espírito sobre a matéria, da mente sobre o cérebro gravemente danificado, assim demonstrando que preexistem aos órgãos e os sobrevivem, em vez de serem suas elaborações ou efeitos dos seus mecanismos.

A grandiosa contribuição do pensamento oriental, de Buda a Vivekananda, a Ramakrishna e outros, dos taoístas tibetanos aos físicos nucleares, enseja a revisão dos parâmetros aceitos, bem como dos modelos estabelecidos, propondo a identificação de fórmulas com aparência diversa, no entanto, que se harmonizam, unindo as duas culturas – a do passado e a do presente – em uma síntese perfeita, em favor de um homem e de uma mulher holísticos, completos, ao revés de examinados em partes.

Esse concurso que se vinha insinuando multissecularmente logrou impor-se através das terapias liberadoras de conflitos, tais a meditação, a respiração, a oração, a magnetização da água, a bioenergia, os exercícios do *tai chi chuan,* o controle mental de inegáveis resultados nas mais variadas áreas do comportamento, do inter-relacionamento pessoal, da saúde...

Os diques erguidos pela intolerância romperam-se ante as novas conquistas, e as técnicas regressivas da memória, com exclusiva definição terapêutica, o uso de algumas drogas psicodélicas como o ácido lisérgico, a hipnose, demonstraram que muitos fatores psicopatogênicos são anteriores à concepção do ser, eliminando a predominância genética na condição de desencadeadora de psicoses, neuroses, conflitos e tormentos degeneradores da personalidade...

A telepatia, a clarividência, os fenômenos retro e precognitivos, as ectoplasmias, os deslocamentos de objetos sem contatos e outros facultaram mais acurados exames do indivíduo, que a análise transpessoal pode abordar com segurança ou neles apoiar-se, a fim de solucionar os *enigmas* predominantes em pacientes marginalizados pelas outras correntes da Psicologia ou facilmente rotulados de psicopatas.

O ser humano é constituído de elementos complexos, que escapam a uma observação superficial.

A conceituação materialista de forma alguma lhe atende as necessidades éticas e sociológicas, não logrando elucidar o ser psicológico, exceto quando, ignorando-lhe a realidade transcendente, relega-a à indiferença, à desconsideração catalogada de patologia irreversível.

O ser dual – Espírito e matéria – do espiritualismo ortodoxo permanece incompleto, deixando escapar incontáveis expressões de conteúdo, por falta do elemento intermediário, processador de inúmeros fenômenos que lhe completam a existência.

Somente quando estudado na sua plenitude – Espírito, perispírito e matéria –, podem-se resolver todos os questionamentos e desafios que o compõem, alargando-lhe as possibilidades de desenvolvimento do *Deus interno,* facultando completude, realização plenificadora, estado de *nirvana,* de *samadhi,* ou de Reino dos Céus que lhe cumpre alcançar.

Essa gigantesca tarefa cabe à moderna Psicologia Transpessoal ou Quarta Força, que inicia um período de real compreensão da criatura como ser indestrutível que é, fadado à felicidade.

DEFINIÇÃO E CONCEITO

Definir, de alguma forma, é limitar, restringir. Mesmo quando as definições são elásticas, reduzem o pensamento e o enclausuram em palavras, retendo as largas possibilidades que necessitam ser penetradas.

Conceituando a Psicologia Transpessoal, não nos podemos furtar aos seus paradigmas, que ampliam as linhas das definições clássicas da doutrina psicológica em si mesma, de modo a dar-lhe a abrangência que alcança o ser humano na sua estrutura física, psíquica e transcendental.

Remontando-se à história do pensamento psicológico, encontraremos os seus primeiros postulados na ética filosófica ancestral, que se iniciou no Ocidente com Anaxímenes e Anaxágoras, percorrendo todos os períodos históricos até a sua formação organicista, na segunda metade do século XIX, e prosseguindo pelas várias escolas freudiana, junguiana, adleriana, enquanto se ia ampliando nas concepções humanista, comportamentalista e psicanalítica.

Nos seus primórdios, a *ciência da alma* encontrava-se embutida nos conceitos socráticos e platônicos, preocupados com a criatura humana dual, cujas origens se encontravam no *mundo das ideias,* para onde retornava após o périplo carnal, a fim de experimentar felicidade ou desdita.

A sua ética moral, otimista, estimulava ao equilíbrio mente – corpo, conduta saudável e solidariedade com as demais criaturas.

Procedente de uma realidade metafísica, o ser a ela retornava com o somatório das experiências adquiridas, que lhe plasmariam futuros renascimentos na Terra, conforme os conteúdos existenciais vividos.

Nessa paisagem, o planeta terrestre pode ser considerado uma escola, na qual se forma e aprimora o caráter, desenvolvendo o germe divino que nele dorme, qual ocorre na semente com o vegetal...

Posteriormente, Aristóteles lhe agregou a enteléquia, e propôs uma criatura trinitária, seguindo os modelos da Filosofia oriental e recusando-se à aceitação dos episódios reencarnatórios necessários à evolução.

Concomitantemente, as propostas atomistas reduziam o ser humano ao amontoado de partículas infinitamente pequenas, esféricas, com ganchos, segundo uns, ou deles destituídos, conforme outros, unindo-se e desestruturando-se graças ao vácuo e ao movimento, resultando, portanto, do capricho do acaso que os reúne e desagrega, produzindo vida e morte ao sabor das ocorrências anômalas, eventuais.

Avançando, paralelamente, em antagonismo estrutural, alcançaram culminâncias ora uma, ora outra corrente, através de São Tomás de Aquino ou de Leibniz, de Descartes ou Bacon...

Enquanto o pensamento oriental estruturava o fenômeno psicológico em um ser herdeiro de Deus e a Ele semelhante, isto é, portador de recursos inimagináveis que lhe cabe desenvolver, ampliaram-se as concepções em torno do Universo, da Criação, da vida, muito antes que a cultura ocidental se apercebesse da causalidade do existir.

Como verdadeiro ponto de equilíbrio apareceu o pensamento ético de Jesus, colocando uma ponte psicológica e filosófica entre as duas civilizações, desenvolvendo o idealismo socrático e o reencarnacionismo do Vedanta e do Budismo, então fecundado pelo amor, único tesouro que logra produzir a plenificação do ser humano.

O ser consciente

Psicoterapeuta superior, Jesus não foi apenas o Filósofo e o Psicólogo que compreendeu os problemas humanos e ensejou conteúdos libertadores, mas permanece como Terapeuta que rompeu as barreiras da personalidade dos pacientes e penetrou-lhes a consciência, de onde arrancou a culpa, a fim de proporcionar a catarse salvadora e a recomposição da individualidade aturdida, quando não em total infelicidade. Possuidor de transcendente capacidade de penetração nos arquivos do inconsciente individual e coletivo, Ele tornou-se o marco mais importante da Psicologia Transpessoal, por adotar a postura mediante a qual considera o indivíduo um ser essencialmente espiritual, em transitória existência física, que faz parte do seu programa de autoburilamento.

Conscientizando as criaturas a respeito da sua responsabilidade pessoal diante da vida, estabeleceu terapias de invulgar atualidade, trabalhando a estruturação da personalidade, como passo de segurança para a aquisição da consciência.

No postulado *não fazer ao próximo o que não deseja que ele lhe faça,* estatuiu a condição de segurança para a identificação do indivíduo consigo mesmo, com o seu irmão e com o mundo no qual se encontra, proporcionando uma ética simples e facilmente aplicável, no inter-relacionamento pessoal, sem conflito nem culpa.

Da mesma forma, propondo o autoaperfeiçoamento pela superação das paixões dissolventes, trouxe o futuro para o presente, tornando o *Reino dos Céus* um estado de consciência lúcida, longe do sono, do sonho e das psicoses totalmente superadas.

O Cristianismo, no entanto, através dos tempos, sofrendo as injunções dos pseudoconversos, invariavelmente portadores de grandes traumas e conflitos, procurou castrar

Joanna de Ângelis / Divaldo Franco

e coibir todas as fontes de prazer, as expressões existenciais, mediante regras e dogmas punitivos, que se caracterizaram pela repressão, restrição e condenação.

Não obstante os luminares que, de vez em quando, buscaram libertar os indivíduos do temor e do ódio, levando-os à confiança e ao amor, quais São Francisco de Assis, Santa Tereza de Ávila e alguns outros, predominaram a ignorância e o terror, produzindo uma *consciência de culpa coletiva,* verdadeiro arquétipo de natureza punitiva, que venceu as gerações e ressurge, ainda hoje, nos indivíduos e grupamentos sociais, fazendo-os responsáveis pelo deicídio no Calvário – confundindo Jesus com Deus –, ou mais remotamente, com a herança da *tentação,* em que Eva tombou, levando Adão ao erro, assim tornando a *mulher inferior* no processo humano da evolução, em flagrante desrespeito ao *simbolismo* da criação humana, que passou à condição de realidade.

O culto ao mito, ao símbolo, ao fantasioso, à aceitação do modelo, são necessidades psicológicas para os mecanismos de transferência da realidade e fugas da consciência responsável.

Assumindo a postura teológica, responde por males que se repetem milenarmente, possibilitando alienações e desditas inimagináveis.

A evolução das ciências vem logrando anular esse efeito pernicioso, e, graças ao advento da Psicologia Espírita com Allan Kardec, recupera-se o ser humano do conflito em que se encontrava, promovendo-o à condição de possuidor de valores preciosos que lhe cumpre desenvolver, embora a esforço de trabalho paciente e constante.

A *Quarta Força,* alargando as imensas possibilidades da Psicologia, faz que sejam descortinadas as possibilidades ímpares para a perfeita integração da criatura com o

O ser consciente

seu Criador, e da sua com a Consciência Cósmica, pulsante e universal.

Nesse homem transpessoal cantam, então, as glórias da vida e se dilatam os dons nele existentes, em pleno desenvolvimento da sua realidade, que supera as culpas e as dores, as angústias e as inquietações, tornando-o pleno e feliz.

O HOMEM PSICOLÓGICO MADURO

O ser humano é o mais alto e nobre investimento da vida, momento grandioso do processo evolutivo que, para atingir a sua culminância, atravessa diferentes fases que lhe permitem a estruturação psicológica, seu amadurecimento, sua *individuação,* conforme Jung.

Ao atingir a idade adulta deve estar em condições de viver as suas responsabilidades e os desafios existenciais. É comum, no entanto, perceber-se que o desenvolvimento fisiológico raramente faz-se acompanhar do seu correspondente emocional, o que se transforma em conflito, quando um aspecto não é identificado com o outro. Em tal caso, o período infantil alonga-se e predomina, fazendo-se característica de uma personalidade instável, atormentada, insegura, depressiva ou agressiva, ocultando-se sob vários mecanismos perturbadores.

O seu processo de amadurecimento psicológico, portanto, pode ser comparado a uma larga gestação, cujo parto doloroso propicia especial plenificação.

Procedente de atavismos agressivos, imantado ainda aos instintos, o ser cresce sob pressões que lhe despertam a necessidade de desabrochar os valores adormecidos, qual semente que se intumesce sob as cargas esmagadoras do solo, a fim de libertar o vegetal embrionário, que se agigantará através do tempo.

Fatores compressivos e difíceis de ser liberados pelos processos castradores do ambiente, quase sempre contribuem para que se prolongue a sua imaturidade psicológica.

Do ponto de vista tradicional, apresentam-se os fatores hereditários, psicossociais, econômicos, que colaboram positiva ou negativamente para o desenvolvimento psicológico, quase sempre contribuindo para a preservação do estado de imaturidade.

Graças à sua constituição emocional e orgânica, na vida infantil o ser é egocêntrico, qual animal que não discerne, acreditando que tudo gira em torno do seu universo, tornando-se, em consequência, impiedoso, por ser destituído de afetividade ainda não desenvolvida, que o propele à liberdade excessiva e aos estados caprichosos de comportamento.

Passado esse primeiro período, faz-se ególatra, acumulando tudo e apenas pensando em si, em fatigante esforço de completar-se, isolando-se socialmente dos demais ou considerando as outras pessoas como descartáveis, cujo valor acaba quando desaparece a utilidade, de imediato ignorando-as, desprezando-as...

Em sucessão, apresenta-se introvertido, egoísta, possuindo sem repartir, detentor de coisas, não de paz pessoal.

A imaturidade se expressa através da preservação dos conflitos, graças aos quais muda de comportamento sem liberar-se da injunção causal, que são a frustração, o desconforto moral, a presença da infância. E mesmo quando se apresenta completado, as suas reações prosseguem infantis, destituídas de sensibilidade, no tormento de metas sem significado.

O ser consciente

Para ele, o sentido da vida permanece adstrito ao círculo estreito da aquisição de coisas e à sujeição de outras pessoas aos seus caprichos. Torna-se ditador impiedoso, sicário implacável, juiz cruel. Proporciona-lhe prazer mórbido a dependência das massas e dos indivíduos particularmente, fruindo, de maneira sadomasoquista, do prazer na dor própria ou alheia, desenvolvendo a degenerescência afetiva até o naufrágio fatal...

Certamente, fatores genéticos contribuem para o desenvolvimento ou não da maturidade psicológica, em se considerando as cargas hereditárias na constituição orgânica, na câmara cerebral, na aparelhagem nervosa e na glandular, especialmente nas de secreção endócrina, na constituição do sexo.

Todavia, não podemos ignorar a preponderância do Modelo Organizador Biológico (MOB) ou perispírito, responsável pela harmonização dos implementos de que o Espírito se irá utilizar para o seu processo evolutivo no corpo transitório.

Em face disso, cada pessoa é a soma das suas experiências transatas, e sua mente é o veículo formador de quanto se lhe torna necessário para o processo iluminativo.

Essa percepção, o entendimento desse fator, faz-se relevante em qualquer proposta de Psicologia Transpessoal, no estudo das causalidades de todos os fenômenos humanos.

Os velhos paradigmas e modelos sobre o homem cedem passo à introdução do conceito do ser ancestral, com toda a historiografia das suas reencarnações, que se tornam responsáveis pelo desenvolvimento do Eu profundo.

A enunciada cisão entre o Eu e o Si, atávica, desaparece quando a análise do perispírito demonstra que a personalidade resulta da experiência de cada etapa, mas a individualidade é a soma de todas as realizações nas sucessivas reencarnações.

Graças a esses fenômenos, as pressões psicossociais – ambiente, educação, lutas e atividades – aparecem contribuindo, de uma ou de outra forma, para a realização das metas ou reparação delas, em razão dos processos de mérito ou débito de que cada um se faz portador.

Todos nascem ou renascem nos núcleos familiares e sociais de que necessitam para aprimorar-se, e não conforme se assevera tradicionalmente: que *merecem*.

As cargas de genes e cromossomas, as condições psicossociais e econômicas, formam o quadro dos processos de burilamento moral-espiritual, resultantes da reencarnação caldeadora dos dispositivos individuais para a evolução.

Tal razão prepondera na elucidação das diferenças psicológicas dos indivíduos, mesmo entre os gêmeos uniovulados, defluentes das conquistas anteriores.

A maturidade psicológica tem um curso acidentado, feito de sucessos e repetições, por formar um quadro muito complexo na individualidade humana.

A sua primeira fase se expressa como maturidade afetiva, quando o ser deixa de ser *captativo* por fenômeno atávico, para tornar-se *ablativo*, que é a fatalidade do processo no qual se encontra.

Da posição receptiva egoísta, profundamente perturbadora, surge a necessidade de crescer e ampliar o círculo de amigos, na sua condição de animal gregário, surgindo as primeiras expressões do amor.

Expande o sentimento afetivo e compreende que o narcisismo e o egoísmo somente conduzem à autodestruição, à perturbação.

O ser consciente

O amor é a chama que arde atraente, oferecendo claridade e calor, ao tempo que alimenta com paz, em face da permuta de energias entre quem ama e aquele que se torna amado.

Desenvolve-se então uma empatia que arranca o ser do seu primitivismo, conduzindo-o à imensa área do progresso, onde a experiência de doação torna-se enriquecedora, trabalhando pelo olvido do ser em si mesmo com a lembrança constante do seu próximo.

Quem aspira por ser amado mantém-se na imaturidade, na dependência psicológica infantil, coercitiva, ególatra.

A afetividade é o campo central para a batalha entre as diversas paixões de posse e de renúncia, de domínio e abnegação, ensejando a predominância da doação plena.

No amadurecimento afetivo, o ser esplende e supera-se.

O próximo passo é o amadurecimento mental, graças à compreensão de que a vida é rica de significados e o seu sentido é a imortalidade.

Com essa identificação alteram-se os interesses, e as paisagens se clareiam ao sol da razão, que consubstancia a fé no homem, na vida e em Deus.

O amadurecimento mental, que se adquire pela emoção e pelo conhecimento que discerne os valores constitutivos da filosofia existencial, amplia as perspectivas da realização completadora.

Somente após lograr o amadurecimento afetivo, consegue o mental, por encontrar-se livre dos constrangimentos e das pseudonecessidades emocionais.

A conquista da razão é relevante, por ser o *princípio ordenador,* responsável pela formação do discernimento, que reúne em um só conjunto as diferentes conquistas intelectuais, a fim de que possa utilizar o pensamento de maneira justa, real e compatível com a consciência.

A razão proporciona a superação do fenômeno infantil da ilusão, da fantasia, responsável pelo sofrimento, em se considerando a impermanência e todos os acontecimentos e aspirações físicas.

A mente, no seu contexto e complexidade, resulta de duas expressões da sua natureza: o intelecto e a razão, sendo o primeiro de formação discursiva e a segunda de caráter intuitivo.

Disso decorrem duas condutas de aprendizagem no que tange ao pensamento e ao seu uso correto.

Pensar acertadamente é uma meta elevada, porque nem todo ato de pensar corretamente o é, em face da interferência dos desejos e supostas necessidades. Assim, a concentração nos objetivos ideais, distinguidos dos imaginados, leva à correção do pensamento.

Há uma grande variação de níveis de pensamento, resultantes das conquistas intelectuais.

Para que ocorra o amadurecimento se torna indispensável pensar, exercitando a mente e ampliando-lhe a capacidade de discernir.

Logo se apresenta o desafio do amadurecimento moral, responsável pela superação dos instintos, das sensações grosseiras, imediatistas.

A escala dos valores rompe os limites das conveniências restritivas e interesseiras, para apoiar-se nos códigos da Ética universal, ancestral e perene, que têm, por base, Deus, os seres, a Natureza e o próprio indivíduo, compreendendo-se que o limite da própria liberdade começa na fronteira do

O ser consciente

direito alheio, nunca aspirando para si o que não gostaria de receber de outrem...

A maturidade moral liberta, por despedaçar os códigos da hipocrisia e das circunstâncias que facultam o desenvolvimento do egoísmo, da vaidade, da autocracia.

Essa realização moral é dinâmica e entusiasta, alargando as possibilidades de crescimento ético, estético e espiritual do ser.

Dois sensos morais surgem no contexto da maturação: o convencional – que é o aceito, oportunista e, às vezes, amoral ou imoral –, porque imposto pelas conveniências de cada época, civilização e cultura, e o verdadeiro – que supera os limites ocasionais e sobrepaira legítimo em todas as épocas, qual aquele estatuído no Decálogo e no Sermão da Montanha.

A conquista da maturidade moral verdadeira torna-se indispensável para a autorrealização do ser e da sociedade em geral.

Vencida essa etapa, a maturidade social surge naturalmente, porque, autoconhecendo-se e autotrabalhando-se, o homem psicológico torna-se harmônico no grupo, é aglutinador, compreensivo, líder natural, proporcionando bem-estar em sua volta e alegria de viver.

O amadurecimento psicológico é imperativo que surge naturalmente, ou por necessidade que se estabelece no processo da evolução.

O ser imaturo, ambicioso, apaixonado, frustra-se, irrita-se sempre, mata e mata-se, porque o significado da sua vida é o perturbador e finito, circular-estreito e sem metas.

Superar o estado egocêntrico, para tornar-se útil socialmente, caracteriza o rompimento com o *círculo familiar da infância* e abre-o à comunidade, que é a grande escola da vida.

O indivíduo não pode viver sem relacionamentos, pois que, por contrário, aliena-se.

O seu desenvolvimento deflui dos contatos com a Natureza e as criaturas, dos seus inter-relacionamentos pessoais, renunciando à liberdade interior, a fim de plenificar-se no grupo.

Com o conflito embutido no comportamento pessoal, torna-se impossível o relacionamento social. Indispensável que sejam realizados encontros e experiências de grupos, gerando adaptação e convivência salutar com outras pessoas.

Quem lograr a sua consciência individual supera a violência, a separatividade e, afetuoso, racional, integra o grupo social, promovendo-o e desenvolvendo-se cada vez mais, rico de compreensão, fraternidade, amor e paz.

O homem maduro psicologicamente vive a amplidão infinita das aspirações do bom, do belo, do verdadeiro, e, esvaído do *ego*, atinge o *Self*, tornando-se homem integral, ideal, no rumo do Infinito.

MODELOS E PARADIGMAS

O processo da evolução – antropológico, sociológico, psicológico – da Humanidade vem impondo, ao largo do tempo, necessárias releituras e revisões de paradigmas variados, que entram em choque com as descobertas do pensamento e a natural aceitação cultural de *processus* renovadores, estruturados na experiência humana diante dos conceitos tradicionais.

O ser consciente

Na área psicológica, por exemplo, a rigidez dos postulados ancestrais vem sofrendo fissuras estruturais diante da volumosa contribuição das filosofias orientais, ora desveladas ao Ocidente, ao mesmo tempo em que as conquistas relevantes da Parapsicologia, da Psicotrônica, da Psicobiofísica, da Física Quântica, da Biologia Molecular, vêm confirmar os paradigmas do Espiritismo, dilatando o campo da realidade humana – antes do berço e depois do túmulo –, assim modificando a concepção dos estados alterados de consciência, que deixaram de ser patológicos para se confirmarem como de natureza paranormal.

Como consequência, o estudo e a observação imparciais dos fenômenos anímicos e mediúnicos não mais se submetem aos modelos estreitos da Psicologia tradicional, tornando-se urgente a adoção do comportamento transpessoal, em face da sua abrangência, no que diz respeito ao homem integral.

Criada pela necessidade de atualização urgente de novos e complexos paradigmas, graças ao devotamento de homens e mulheres notáveis, que aprofundaram na vida parafísica a sonda da investigação psicológica, a Quarta Força pode contribuir para uma interpretação mais coerente e racional do ser pensante, sem descartar a possibilidade da precedência e sobrevivência da consciência à concepção fetal, assim como à anóxia cerebral.

Antes desprezadas ou marginalizadas por contundente preconceito, as manifestações paranormais deixaram de ser epifenômenos do sistema nervoso, para tornarem-se expressões da realidade em níveis mais profundos da consciência humana.

O advento da Psicologia Transpessoal ocorreu no momento grave do desalinho comportamental das gerações novas, dos anos sessenta do século passado, e por se tornar evidente a necessidade do desenvolvimento da Psicologia Humanista, surgida na ocasião, mediante a ampliação dos seus conceitos e a aceitação de novos paradigmas, qual sucedeu, na década imediata, consoante previra Maslow...

Assim, a Psicologia Transpessoal tem como meta ampliar a sua área de pesquisa, levando em conta as experiências do ser, em laboratório e no comportamento humano, vinculadas às necessidades do equilíbrio da saúde fisiopsíquica e da satisfação plenificadora. Como resultado, estrutura-se nas conquistas da Ciência contemporânea, unidas às contribuições vivenciais da experiência oriental, desenvolvendo as possibilidades adormecidas da criatura – o seu incessante *vir a ser*.

A sua proposta objetiva é tornar-se parte das multidisciplinas do comportamento, que contribuem para o logro da saúde mental.

Impossível descartar-se hoje os fatos decorrentes dos estados alterados de consciência, que são importantes para o equilíbrio fisiológico e o bem-estar psicológico dos indivíduos.

O ser transcendental deixa, dessa forma, o estágio de *paranoide*, assumindo a paranormalidade indispensável à harmonia do seu comportamento com a sua realização psicológica.

As experiências terapêuticas de muitos analistas transpessoais demonstraram que os seus pacientes transcendem os níveis normais de consciência, quando estimulados por drogas químicas, autossugestão, ioga, hiperventilação, in-

O ser consciente

dução hipnótica, concentração, meditação, oração, interferências mediúnicas... Nesses estados dilatam-se-lhes a percepção dos sentidos, a lucidez, o conhecimento do passado e do futuro, como expressões essenciais da natureza humana, após os quais há o retorno da saúde – quando em psicoterapia –, do bem-estar, do relacionamento interpessoal.

O ser humano, desse modo, deixa de permanecer fragmentado, para tornar-se inteiro.

Todos os modelos e paradigmas são passíveis de revisão, confirmação ou modificação.

Os antigos modelos psicológicos, por estreiteza de visão, não abarcavam as atuais conquistas que facultam mais ampla compreensão da personalidade humana, do inconsciente, do Eu profundo. Uma larga documentação experimental, porém, veio facultar o surgimento do modelo transpessoal e dos seus atuais paradigmas.

A Psicanálise, por exemplo, tem concepção específica em torno da determinação da conduta, conflitando com a natureza da modificação do comportamento. O *psicanalista* enfatiza as *forças intrapsíquicas,* como fundamentais, predominantes, responsáveis pelo comportamento. Já os *comportamentalistas* estabelecem, como indissociáveis da conduta, as *condições ambientais.*

Desse modo, surge o quesito da motivação, determinando o comportamento. Seja a libido – motivação freudiana, o anseio de superioridade, como superação dos instintos agressivos – motivação adleriana, ou o imperativo ambiental – motivação comportamentalista, o ser é levado ao êxito nas suas buscas, não podendo fugir a uma ou outra dessas condições.

Antes desse alargamento da visão transpessoal, todas as experiências místicas eram tidas como *neurose narcisista,* e a conquista da iluminação era considerada como uma automática *regressão a estágios intrauterinos.*

Nesses choques de modelos e propostas, tornava-se inevitável a disputa em torno de qual seria o verdadeiro, com desprezo pelos demais...

O estudo transpessoal não pretende ser único, antes alarga os conceitos existentes, respeita-lhes a validade, buscando desenvolver e ampliar as dimensões da natureza humana e a sua realidade intrínseca. O seu potencial é imprevisível, e o ser espiritual é imensurável na sua estrutura profunda, que lhe cabe desenvolver ao largo das sucessivas reencarnações. Unindo tecnologia e observação, experiência e treinamento paranormal, desenvolvem-se-lhe os recursos latentes, no rumo do Infinito.

O novo modelo e paradigma transpessoal, portanto, estrutura-se na sabedoria do Oriente e nas modernas experiências do Ocidente, compondo o *homem, o ser interior:* Espírito, perispírito e matéria, conforme a proposta kardequiana, embora a nomenclatura diferenciada que vem sendo adotada pelos psicólogos e terapeutas transpessoais.

A NOVA ESTRUTURA DO SER HUMANO

À medida que a Psicologia vem aprofundando a sonda da investigação nos alicerces psíquicos do ser, tentando compreender as alterações da consciência, mais se agigantam as perspectivas do conhecimento para tornar a existência humana mais digna de ser vivida.

O ser consciente

A súbita mudança de conceitos cartesiano-newtonianos a respeito de tempo e espaço – graças aos admiráveis descobrimentos da Física Quântica, em face dos nobres intentos vitoriosos das neurociências e da Biologia Molecular, em razão do aprofundado estudo do cérebro através da holografia, diante da análise cuidadosa dos estados alterados de consciência por meio da hipnose, da aplicação de drogas psicodélicas, da meditação –, ensejou melhor visão em torno do ser humano e sua grandiosa dimensão.

Estudos acurados dos hemisférios cerebrais concluíram que o esquerdo é responsável pela razão e lógica, pelas funções verbais, pela globalização, enquanto o direito se encarrega do comportamento místico, indutivo, intuitivo, orientação espacial... Como consequência, estabeleceu-se que, nos ocidentais, o hemisfério esquerdo é mais desenvolvido do que o direito, este mais usado pelos orientais e, por isso mesmo, portadores de mais amplos recursos.

Por outro lado, graças aos estudos e observações de alguns neuropsiquiatras, constatou-se que todo o cérebro é detector da memória, necessitando de ser devassado para melhor compreenderem-se os múltiplos fenômenos paranormais de que se faz instrumento, ora inconscientemente, noutras ocasiões mediante induções, concentrações e contribuições conscientes.

A Psicologia Transpessoal e a Parapsicologia, unindo-se para interpretar os estados alterados de consciência, eliminando a esdrúxula e tradicional explicação de que são fenômenos patológicos, aproximam-se da realidade do Espírito, que é indissociável de todo acontecimento físico e psíquico.

Toda a gama de fenômenos parapsicológicos na ordem *psigama* – clarividência, telepatia, pré e retrocognição, escrita automática, ou *psikapa* – transporte, ectoplasmia, desmaterialização, bicorporeidade, conduz à certeza de um agente racional e lúcido – o Espírito – como causa de todas as manifestações, encontrando-se encarnado ou não.

O ser *organicista,* em razão disso, cede lugar ao indivíduo *psi* ou espiritual, portador de percepções extrassensoriais e faculdades mediúnicas, que lhe constituem instrumentos de trabalho e progresso, mediante as experiências continuadas na esteira das reencarnações.

O Espírito é a base da Psicologia Transpessoal, conforme demonstra a Ciência Espírita, em inumeráveis experiências mediúnicas.

Essa visão nova explica os desarranjos comportamentais, as diferenças de coeficiente intelectual, os estados patológicos variados, ao mesmo tempo enriquecendo as psicoterapias com arsenal de informações libertadoras, hauridas no estudo das obsessões, das reencarnações e dos desconcertos mediúnicos.

Desse modo, o ser humano supera a condição *reducionista* a que foi submetido por alguns psicólogos e amplia a dualidade corpo – Espírito, para apresentar-se em estrutura completa, que abarca todas as ocorrências que lhe sucedem.

Organizando o corpo somático, o Espírito se utiliza dos equipamentos do perispírito, tornando-se o indivíduo um ser trino, no qual a morte física dilui a forma sem aniquilar a sua realidade, transferindo, mediante o corpo intermediário, para o Espírito que sedia a vida, conquistas e prejuízos que lhe programam os futuros renascimentos.

O ser consciente

A unicidade da existência corporal não corresponde à realidade, em face das diferenças morais, culturais, sociais, psicológicas, orgânicas, que caracterizam as criaturas humanas, estagiárias nos mais diferentes patamares da vida.

A reencarnação, pelo contrário, faculta a compreensão dos fenômenos evolutivos, favorecendo todos os seres com as mesmas possibilidades de crescimento, desde a monera ao arcanjo, vivenciando as mesmas oportunidades e adquirindo sabedoria – conquista do conhecimento e do amor, que culmina em sua plenitude.

Reconhecida a nova estrutura do ser humano – Espírito, perispírito e matéria –, a Psicologia pode melhor penetrar nos arcanos do inconsciente, que possui todo o conhecimento de tempo – passado, presente e futuro –, como a dimensão de espaço – o infinito no finito.

Sediando o Espírito, conforme a visão espírita assevera, a *Lei de Deus está escrita na consciência*,[2] detentora da realidade, que a pouco e pouco se desvela, conforme a evolução do próprio ser, no seu processo de lapidação de valores e despertamento das *leis* que nela dormem latentes.

Nos alicerces do inconsciente se encontram todas essas bênçãos que, lentamente, assomam à consciência e se tornam patrimônio da lucidez, fazendo o ser compreender que nem tudo quanto pode fazer, deve-o; da mesma forma que nem tudo quanto deve, pode; conseguindo a sabedoria de fazer somente o que deve e pode, como membro consciente que age de acordo com a harmonia cósmica.

Esse, o grande desafio para a Psicologia profunda, qual seja, avançar cada dia mais na interpretação do ser

---

[2] Questão 621 de *O Livro dos Espíritos* de Allan Kardec. (nota da autora espiritual).

Joanna de Ângelis / Divaldo Franco

humano, sem deter-se em modelos estáticos, tradicionais, atenta às informações das demais ciências e do Espiritismo, assumindo uma posição aberta e holística.

2
SER E PESSOA

A PESSOA • FATORES DE DESEQUILÍBRIO •
CONDIÇÕES DE PROGRESSO E HARMONIA

A PESSOA

Boécio, poeta e filósofo da *decadência romana*, nos séculos V e VI, definiu a pessoa como constituída por uma *substância individual de natureza racional*.

A Filosofia, através dos séculos, buscou demonstrar que a pessoa é distinta do indivíduo e do ser psicofísico, o que deu margem a considerações demoradas por pensadores e escolas variadas. Santo Tomaz de Aquino, por exemplo, preferiu seguir o conceito de Boécio, que teve muita influência significativa durante a Idade Média, enquanto Immanuel Kant se apoiou em conteúdos mais profundos, quando da análise da pessoa em si mesma.

Do ponto de vista psicológico, a pessoa é um ser que se expressa em múltiplas dimensões, desde os seus conteúdos humanista, comportamentalista e existencial, a novos potenciais que estruturam o ser pleno.

A Psicologia ocidental, diferindo da oriental, manteve o conceito de pessoa nos limites berço – túmulo com uma estruturação transitória, enquanto a outra sustenta a ideia de uma realidade transcendente, embora a sua imanência na expressão da forma e relatividade corporal.

Os estudos transpessoais, incorporando as teses orientais, consideram a pessoa um ser integral, cujas dimensões podem expressar-se em várias manifestações, quais a consciência, o comportamento, a personalidade, a identificação, a individualidade, num ser complexo de expressão trinitária.

Não apenas o corpo, o ser psicofísico, porém, a matéria – efeito, o perispírito –, modelo organizador biológico, e o Espírito – a individualidade eterna.

Não pretendemos inovar modelos, antes resumir correntes e apresentar uma síntese.

A visão transpessoal espírita, porque completa, elucida os inúmeros fenômenos paranormais de natureza anímica e mediúnica que caracterizam a existência humana, concedendo-lhe dinâmica imortalista e conteúdo de significado, de causalidade.

A pessoa, observada do ponto de vista imortal, é preexistente ao corpo, e sua origem perde-se nos milênios passados do processo evolutivo, desenvolvendo-se fiel a uma fatalidade que se manifesta em cada experiência corporal – reencarnação – como aquisição de novos implementos, faculdades e funções que tangenciam ao crescimento e à felicidade.

A pessoa sintetiza, quando corporificada, as dimensões várias que lhe cumpre preservar e aprimorar, facultando o desabrochar de recursos que lhe fazem embrionários e são essenciais ao seu existir.

O ser consciente

A CONSCIÊNCIA

Jung definiu a consciência como *a relação dos conteúdos psíquicos com o ego, na medida em que essa relação é percebida como tal pelo ego.*

A complexidade, no entanto, das conceituações de consciência nem sempre responde aos conteúdos de que se constitui.

Para entendê-la, é necessário situá-la além dos limites do sono, do sonho, do delírio, e estabelecê-la como condição de ótima ou lúcida, na qual os episódios psicóticos cedem lugar à normalidade, ao discernimento, ao equilíbrio gerador de harmonia.

A Psicologia tradicional, aferrada ao organicismo ancestral, prefere ignorar os elevados níveis de consciência, nos quais os estados alterados transcendentes facultam a visão dilatada da realidade, sem os limites do *real* aceito, do *real* psicótico, do *real* em sonho.

As experiências nas diversas áreas de consciência alterada, conseguidas por substâncias psicodélicas ou através de meditação profunda, em vez de revelarem situações patológicas, abrem perspectivas fascinantes para terapias liberadoras e que proporcionam dilatação do conhecimento e do sentido mais amplo da vida.

A Psicologia filosófica do Oriente sempre proporcionou os estados de plenitude e *nirvana,* ensejando a superação dos limites do estágio de normalidade, através de transes e da contemplação profunda.

A consciência adquirida – a perfeita identificação do conhecimento e do fazer, do saber e do amar – faculta a ampliação das próprias possibilidades para penetrar em dimensões metafísicas, onde outras realidades são bases do ser pessoal.

O COMPORTAMENTO

As atitudes que caracterizam a pessoa resultam do convívio social e das aspirações cultivadas, gerando a consciência individual, que responde pela do grupo social, em face da aplicação dos valores adquiridos.

Ressaltam, no comportamento, as ambições do desejo, responsáveis pelo grau de libertação emocional, ou presídio, no qual o ser transita pelos vínculos que se permite desenvolver.

A pessoa é, acima de tudo, a sua mente. O que elabora, torna-se; quanto cultiva, experimenta.

A mente algema e libera, necessitando de austeras disciplinas para ser comandada, ao invés de ser a dominadora irredutível.

Nesse imperativo, o desejo expressa a qualidade evolutiva da pessoa, respondendo pela conduta e pelos fatores daí decorrentes.

O comportamento impõe necessidades e as expressa simultaneamente, definindo a pessoa.

Somente o autoconhecimento favorece o comportamento com as possibilidades de desenvolvimento pessoal, estruturador profundo do ser imortal.

A PERSONALIDADE

Em permanente representação dos conteúdos mentais, e dominada pela imposição das leis e costumes de cada época e cultura, a personalidade representa a aparência para ser conhecida, não raro, em distonia com o Eu profundo e real, geradora de conflitos.

O ser consciente

A personalidade é transitória e assinala etapas reencarnatórias, definidoras de experiências nos sexos, na cultura, na inteligência, na arte e no relacionamento interpessoal.

Cada pessoa reencarna com as características herdadas das experiências anteriores e submete-se aos condicionamentos de cada fase, por ela transitando com os seus sinais tipificadores.

Assimilar todos os condicionamentos e exteriorizar uma personalidade consentânea com o ser real, eis o desafio da terapia transpessoal, trabalhando a pessoa para que assuma a sua realidade positiva e superior, crescendo em conteúdos mentais e desencarcerando-se, até permitir-se a perfeita harmonia entre *ser* e *parecer*.

A IDENTIFICAÇÃO

De duas formas a pessoa se identifica com os valores do progresso: externa e internamente.

A identificação externa impõe as lutas e os conflitos da assimilação dos comportamentos sociais, nos quais o apego assume a condição mais importante, a primeira e última da existência.

O apego externo, no entanto, é menos danoso do que o interior, responsável pelos vícios e paixões degenerativos, que conduzem a patologias dolorosas, cruéis.

A identificação assinala o estágio de evolução de cada pessoa, fadada à elevação, que, para conseguir, deve liberar-se daqueles valores, desidentificando-se de hábitos milenários, fixados, alguns, atavicamente, aos painéis do ser, gerando falsas necessidades, que se tornam fundamentais, portanto responsáveis pelo sofrimento nas suas várias facetas.[3]

A Psicologia oriental estabelece na ilusão, na impermanência da vida física, com as quais a pessoa se identifica, algumas preponderantes razões para o sofrimento.

A desidentificação induz à conquista de patamares elevados, metafísicos, nos quais o ser se autoencontra e se realiza.

A INDIVIDUALIDADE

Somatório de todas as experiências, a individualidade é o ser pleno e potente, que alcançou a autorrealização.

Imperecível, a individualidade é o Espírito em si mesmo, que reúne as demais dimensões e sabe conscientemente o que fazer, quando fazê-lo e como realizá-lo, para ser a pessoa integral, ideal.

Enquanto a Filosofia informava que a pessoa não é o indivíduo, na visão da Psicologia profunda, este, que superou os condicionamentos e comportamentos pessoais de consciência livre, é o ser total, pessoa transitória, individualidade eterna.

FATORES DE DESEQUILÍBRIO

A saúde da criatura humana resulta de fatores essenciais que lhe compõem o quadro de bem-estar: equilíbrio mental, harmonia orgânica e ajustamento socioeconômico. Quando um desses elementos deixa de existir, pode-se con-

---

[3] Vide o nosso *Plenitude,* 9 ed. da LEAL, 2000 (nota da autora espiritual).

O ser consciente

siderar que a saúde cede lugar à perturbação, que afeta qualquer área do conjunto psicofísico.

Sendo, a criatura humana, constituída pela energia que o Espírito envia a todos os departamentos materiais e equipamentos nervosos, qualquer distonia que a perturbe abre campo para a irrupção de doenças, a manifestação de distúrbios, que levam aos vários desconcertos patológicos, conhecidos como enfermidades.

Por isso, é possível que uma criatura, em processo degenerativo, possa aparentar saúde, em face da ausência momentânea dos sintomas que lhe permitem o registro, a percepção do insucesso.

Da mesma forma, podemos considerar que, escrava da mente, a criatura transita do cárcere dos sofrimentos aos portões da liberdade – das doenças à saúde ou vice-versa – através da energia direcionada ao bem, à harmonia, ou sob distonias, conflitos e traumas.

De relevantes significados são os conteúdos negativos do comportamento emocional, geradores das disritmias energéticas, que passam a desvitalizar os campos nos quais se movimentam, enfraquecendo-os e abrindo-os à sintonia com os micro-organismos degenerativos.

Entre os muitos fatores de destruição do equilíbrio, anotemos *o amor*, a angústia, o rancor, o ódio, que se convertem em gigantes da vida psicológica, com poderes destrutivos, insuspeitáveis.

A mente desordenada, que cultiva paixões dissolventes, perde o rumo, passando a fixações neuróticas e somatizadoras, infelizes, que respondem pelos estados inarmônicos da psique, da emoção e do corpo.

Os conteúdos do equilíbrio expressam-se no comportamento, propiciando modelos de criaturas desidentificadas com as manifestações deletérias do meio social, das constrições de vária ordem, das dominações bacterianas.

A autoanálise, trabalhada pela insistência de preservação dos ideais superiores da vida, é o recurso preventivo para a manutenção do bem-estar e da saúde nas suas várias expressões.

O AMOR

Confundidas as sensações imediatas do prazer com as emoções emuladoras do progresso moral, o *amor* constitui o grande demolidor das estruturas celulares, pela força dos desejos de que se faz portador.

Certamente, referimo-nos ao amor bruto, asselvajado, possessivo, que situa no desejo a sua maior carga de aspiração.

Ocultando frustrações pertinazes e gerando mecanismos de transferência neurótica, as personalidades atormentadas aferram-se ao amor-desejo, ao amor-sexo, ao amor-posse, ao amor-ambição, deixando-se consumir pelos vapores da perturbação, que a insistência mental e insensata do gozo desenvolve em forma de incêndio voraz.

O atormentado fixa a sua identidade na necessidade do que denomina amor e projeta-se, inconscientemente, sobre quem ele diz amar, impondo-se com sofreguidão irrefreável, ou acalentando intimamente a realização do que anela, em terrível desarmonia interior. Quanto mais aspira e frui, mais exige e sofre; se não logra a realização, mais se decompõe, perdendo ou matando, com os raios venenosos da mente em desalinho,

O ser consciente

as defesas imunológicas e a vibração de harmonia mental, logo tombando nos estados enfermiços.

A ANGÚSTIA

A insegurança pessoal, decorrente de vários fatores psicológicos, gera instabilidade de comportamento, facultando altas cargas de ansiedade e de medo.

Sentindo-se incapaz de alcançar as metas a que se propõe, o indivíduo transita entre emoções em desconcerto, refugiando-se em fenômenos de angústia, como efeito da impossibilidade de controlar os acontecimentos da sua vida.

Enquanto transite nos primeiros níveis de consciência, a carência de lucidez dos objetivos essenciais da vida levá-lo-á a incertezas, porquanto, as suas, serão as buscas dos prazeres, das aspirações egoístas, das promoções da personalidade, sentindo-se *fracassado* quando não alcança esses patamares transitórios, equivocados, em relação à felicidade.

Aprisionando-se em errôneos conceitos sobre a plenificação do Eu, que confunde com as ambições do *ego*, pensa que *ter* é de relevante importância, deixando de *ser* iluminado, portanto, superior aos condicionamentos e pressões perturbadoras.

A angústia, como efeito de frustração, é semelhante a densa carga tóxica que se aspira lentamente, envenenando-se de tristeza injustificável, que termina, às vezes, como fuga espetacular pelo mecanismo da morte anelada, ou simplesmente ocorrida por efeito do desejo de desaparecer, para acabar com o *sofrimento*.

Normalmente, nos casos de angústia cultivada, estão em jogo os mecanismos masoquistas que, facultando o pra-

Joanna de Ângelis / Divaldo Franco

zer pela dor, intentam inverter a ordem dos fenômenos psicológicos, mantendo o estado perturbador que, no paciente, assume características de *normalidade*.

O recurso para a superação dos estados de angústia, quando não têm um fator psicótico, é a conquista da autoconfiança, delineamento de valores reais e esforço por adquiri-los, ou recorrendo ao auxílio de um profissional competente.

As ocorrências de insucesso devem ser avaliadas como treinamento para outras experiências, recurso-desafio para o crescimento intelectual, aprendizagem de novos métodos de realizações humanas.

Exercícios de autocontrole, de reflexões otimistas, de ações enobrecedoras, funcionam como terapia libertadora da angústia, que deve ser banida dos sentimentos e do pensamento.

O RANCOR

Fenômeno natural decorrente da insegurança emocional, o rancor produz ácidos destruidores de alta potencialidade, que consomem a energia vital e abrem espaços intercelulares para a distonia e a instalação das doenças.

Entulho psíquico, o rancor acarreta danos emocionais variados, que levam a psicoses profundas e a episódios esquizofrênicos de difícil reparação.

A criatura humana tem a destinação da plenitude. O seu passo existencial deve ser caracterizado pela confiança, e os acontecimentos desagradáveis fazem-se *acidentes de percurso,* que não interrompem o plano geral da viagem, nunca impeditivos da chegada à meta.

Por isso, os acontecimentos impõem, quando negativos, a necessidade de uma catarse libertadora, a fim de não

O ser consciente

se transformarem em resíduos de mágoas e rancores que, de contínuo, assumem mais danoso contingente de ocorrência destrutiva.

A psicoterapia do perdão, com os mecanismos da renúncia dinâmica, consegue eliminar as sequelas do insucesso, retirando o rancor das paisagens mentais e emocionais da criatura, sem o que se desarticulam os processos de harmonia e equilíbrio psíquico, emocional e físico.

O ÓDIO

Etapa terminal do desarranjo comportamental, o ódio é tóxico fulminante no oxigênio da saúde mental e física.

Desenvolve-se, na sua área, mediante a análise injusta do comportamento dos outros em relação a si, e nunca ao inverso. Fazendo-se vítima, porque passou a um conceito equivocado sobre a realidade, deixa-se consumir pelo complexo de inferioridade, procedente da infância castrada, e descarrega, inconscientemente, a sua falta de afetividade, a sua insegurança, o seu medo de perda, a sua frustração de desejo, em arremessos de ondas mentais de ódio, até o momento da agressividade física, da violência em qualquer forma de manifestação.

O ódio é estágio primevo da evolução, atavicamente mantido no psiquismo e no emocional da criatura, que necessita ser transformado em amor, mediante terapias saudáveis de bondade, de exercícios fraternais, de disciplinas da vontade.

Agentes poluidores e responsáveis por distúrbios emocionais de grande porte, são eles os geradores de perturbações dos aparelhos respiratório, digestivo, circulatório. Responsáveis por cânceres físicos, são as matrizes das desordens mentais e sociais que abalam a vida e o mundo.

A saúde da criatura humana procede do ser eterno, vem das experiências em vidas anteriores, conforme ocorre com as enfermidades cármicas, no entanto, dependendo da consciência, do comportamento, da personalidade e da identificação do ser com o que lhe agrada e com aquilo a que se apega na atualidade.

CONDIÇÕES DE PROGRESSO E HARMONIA

Na estrutura profunda da individualidade humana encontram-se as experiências milenárias do ser, nem sempre harmonizadas entre si, geradoras de conflitos e complexos negativos que a atormentam.

Atavicamente vinculada ainda às sensações decorrentes da faixa primária por onde transitou, a libido exerce-lhe poder preponderante no comportamento, conforme as constatações de Freud, que a considerou fator essencial na vida humana. Observando os diversos fenômenos de conduta e as terríveis angústias, como exacerbações da emotividade das criaturas, o mestre de Viena organizou todo o edifício da Psicanálise na manifestação sexual castradora ou liberada, bem como na complexa influência materno-paternal, que desde a infância conduziu o ser sob os tabus perniciosos e as constrições dos desejos irrealizados, das consciências de culpa, dos implementos perturbadores da personalidade patológica.

Estamos, sem dúvida, diante de fatores incontestáveis, todavia adstritos às áreas fenomenológicas e não causais, em se considerando que, *herdeiro de si mesmo,* o Espírito é o

O ser consciente

autor do seu destino – nunca será demasiado repeti-lo –, renascendo em lares nos quais mantém vínculos afetivos e familiares, conforme a sua conduta anterior.

Em face da variedade de renascimentos, nem sempre consegue diluir as *lembranças* que permanecem em forma de tendências e aptidões, de desejos e necessidades. Não digeridas as frustrações, eis que se impõem mais graves, ao ressurgirem, na sucessão das ocorrências comportamentais, em forma de distúrbios psicológicos de variada catalogação.

Preocupada com o ser-máquina, a Psicologia não tem ensejado uma compreensão maior da criatura, que fica, na visão reducionista, limitada a um feixe de desejos e paixões primitivas.

Em uma análise transpessoal, o ser enriquece-se de valores que lhe cumpre multiplicar cada vez mais, autoconhecendo-se e autodisciplinando-se, à medida que a sua consciência adquire lucidez e torna-se ótima.

Abrem-se-lhe então as perspectivas antes cerradas, e facultam-se-lhe as oportunidades de dilatação do campo intelecto-emocional, passando a vencer as sequelas das existências anteriores, ainda predominantes no psiquismo, que se exteriorizam em forma de desarmonia.

A desidentificação com os graves compromissos que ainda o atormentam torna-se factível, mediante a impregnação com outros ideais e aspirações mais abrangentes quão agradáveis, que passam a povoar-lhe a paisagem mental.

Nesse esforço, faz-se viável o autoconhecimento, como primeiro tentame de crescimento psicológico.

A necessidade de tornar a mente um espelho, e postar-se defronte dela desnudo, é inadiável.

Joanna de Ângelis / Divaldo Franco

Somente através de um exame da própria realidade, observando-se sem emoção – o que impede os sentimentos de autocompaixão como os de autopromoção, de justificação ou culpa –, consegue-se um retrato fiel do que se é, e do que cumpre fazer-se para mais amar-se e ajudar-se como segmento imediato do esforço.

Enquanto a criatura não se despoja dos artifícios com que se oculta, evitando desnudar-se em uma atitude infantil repressiva, qualquer tentame exterior para o progresso e a harmonia resulta inócuo, quando se não torna perturbador.

Ninguém é culpado conscientemente de ser frágil, fragmentário, ocorrências naturais do processo de evolução. Não obstante, a permanência na postura denota imaturidade psicológica ou manifestação patológica do comportamento.

Quando alguém aspira por mudanças para melhor, irradia energias saudáveis do campo mental, que contribuem para a realização da meta. Mediante contínuos esforços, direcionados para o objetivo, cria novos condicionamentos que levam ao êxito, como decorrência normal do querer. Nenhum milagre ou inusitado ocorre, nessa atitude que resulta do empenho individual.

O autodescobrimento tem por finalidade conscientizar a pessoa a respeito do que necessita, de como realizá-lo e quando dar início à nova fase. Acomodada aos estados habituais, não se dá conta das incalculáveis possibilidades que lhe estão ao alcance, bastando-lhe apenas dispor-se a desdobrá-las.

O autoencontro pode ser logrado através da meditação reflexível, do esforço para fixar a mente nas ideias positivas, buscando saber quem se é, e qual a finalidade da sua existência corporal e do futuro que a aguarda.

O ser consciente

Equipada de honesto desejo de equacionar-se, a *esfinge* perturbadora atira-se ao *mar* do discernimento e desaparece, deixando o indivíduo seguir livre, sem a maldita fatalidade de ser desditoso.

A consciência liberta-o das heranças paterno-maternais, produzindo o conhecimento lúcido e benéfico, que se torna *filho* capaz de conduzi-lo pelos caminhos da vida, sem a imposição caprichosa do deus-destino.

Ao lado da meditação, encontra-se a ação solidária no concerto social, que alarga as possibilidades no campo onde se movimenta e promove o ser profundo, *limpando-o* dos caprichos do *ego* e liberando-o das arbitrárias injunções limitadoras, angustiantes.

O intercâmbio social com objetivos fraternais rompe as amarras do medo, dando outra dimensão à afetividade – sem apego, sem paixão, sem desejo, sem neurose –, facultando a harmonia pessoal – sem ansiedade, sem conflito, sem culpa –, ensejando saúde mental e emocional indispensáveis à física.

As condições do progresso e harmonia do Eu real propõem um estudo das virtudes evangélicas, uma releitura dos seus fundamentos e posterior aplicação na conduta pessoal.

Amor indistinto, manifestando-se em todas as expressões e começando por si próprio, com segurança de propósitos, metas e realizações, é o passo inicial da fase nova, ao lado do perdão liberador de ressentimentos, desgosto e inferioridade geradora de reações de violência ou de depressão com caráter autopunitivo.

Na visão transpessoal, o progresso e a harmonia são conquistas internas do ser humano, que se exteriorizam como entendimento da vida e atração por ela, num empenho incessante de crescer e jamais cansar-se, saturar-se ou desistir.

O progresso é fatalidade da vida, e a harmonia resulta da consciência desperta para a conquista da sua plenificação.

3
PROBLEMAS E DESAFIOS

ÊXITO E FRACASSO · DIFICULDADES DO EGO · NEUROSE

ÊXITO E FRACASSO

O estado normal da criatura é o de saúde, no qual o bem-estar e o equilíbrio proporcionam clima respirável de satisfação.

Elaborada para um ritmo harmônico de vida, a maquinaria fisiopsíquica obedece a automatismos precisos, dos quais resultam a saúde e as disposições emocionais, para galgarem-se patamares reais elevados nos processos das aspirações idealistas.

Ser pensante, destaca-se a criatura na escala zoológica, compreendendo os mecanismos da vida e aplicando o conhecimento para os logros da autorrealização e da autoplenificação que lhe constituem o ápice da saúde.

Saúde seria, portanto, um fenômeno natural. Não fossem, do ponto de vista biopsicológico, as heranças genéticas, os fatores psicossociais, as ocorrências familiares e o convívio do lar, o ser não atravessaria os caminhos difíceis dos distúrbios e doenças perturbadoras.

Considerado o ser apenas como uma máquina, teríamos a vida sem finalidade nem objetivo, porquanto ele já nasceria sob os estigmas dos ancestrais – no que diz respeito às heranças genéticas, ao lar condicionador e à sociedade – no caso das distonias e anormalidades, das síndromes degenerativas e dos fenômenos patológicos vários, que determinam as desgraças de uns, e, por outro lado, os propiciatórios para a felicidade, a saúde e a beleza de reduzida faixa dos demais.

Sem dúvida, tal colocação falha pela ausência de uma sustentação lógica, considerando todas as ocorrências como procedentes do acaso fatalista e absurdo...

A análise transpessoal do ser concede-lhe dignidade causal e destinação final, mediante a travessia do percurso que lhe cumpre trilhar, gerando os meios felicitadores, ou desditosos, que são efeitos das suas realizações precedentes.

Passo a passo, desenvolvem-se os atributos da personalidade, ampliando-se os conteúdos da individualidade e aprimoram-se as aptidões latentes que são o germe da presença divina em todos.

Possuidor de recursos e potências não dimensionadas, o ser desabrocha e cresce sob as condições que lhe são inerentes, cabendo-lhe seguir o *heliotropismo* superior que o leva à sua destinação gloriosa.

Impregnado pelas partículas e moléculas materiais que o vestem, enquanto reencarnado, não raro a visão do êxito apresenta-se-lhe distorcida, caracterizando-se como o deleite contínuo, resultante dos prazeres hedonistas que a posição social relevante e o poder político-econômico proporcionam, ensejando um prolongado desfrutar.

Esquecendo-se da impermanência de tudo e da fugacidade do tempo – pelo qual apenas transita, na sua dimensão de eternidade –, desgasta-se, envelhece, adoece e morre... O imprevisível surpreende-o, e surgem-lhe a saturação, o desinteresse, os sentimentos apaixonados e os frustrados, proporcionando desequilíbrios interiores que se expressarão em tormentos para si e para os outros no inter-relacionamento pessoal.

Na busca do êxito, o ser, psicologicamente imaturo, investe todos os valores, e na competição encontra o estímulo para galgar os degraus do destaque, descendo moralmente, na escala dos padrões, à medida que ascende na aparência.

Essa dicotomia de ocorrências – a interna e a externa – resultará em infelicitá-lo, perturbando-lhe o senso de avaliação e de consideração da realidade, talvez ferindo profundamente a *pessoa*.

Caça-se o êxito como se fosse, na floresta humana, o objetivo essencial à vida, confundindo-se triunfo de fora com realização de harmonia interior.

Denigre-se então o adversário, que não o sabe, tornado assim por estar à frente ou mais alto; segue-se-lhe o passo, ocupando-lhe o lugar imediatamente inferior por ele deixado, até emparelhar-se-lhe e derrubá-lo, assumindo-lhe a posição.

Inevitavelmente, porque não permanecem espaços vazios nos relacionamentos humanos, enquanto, por sua vez, ascende, deixa o degrau aberto que logo estará ocupado por aqueloutro que lhe será o substituto.

O triunfo de hoje é o prólogo do desencanto e das lágrimas de amanhã; sorrisos se tornarão esgares, e aplausos far-se-ão apedrejamentos, considerando-se, na população humana, as mesmas aspirações e os equivalentes conflitos.

A criatura são as suas necessidades.

O psicólogo americano pragmatista William James classificou os biótipos humanos em *espíritos fracos* e *fortes*, enquanto Ernest Kretschmer, psiquiatra alemão, considerou as personalidades de acordo com a compleição do indivíduo em *pícnico,* ou pessoa redonda; *atlético,* ou pessoa quadrada; e o *astênico,* pessoa delgada. Em face de tal conclusão, afirmou que há *espíritos esquizoides e ciclotímicos,* enquanto Carl Gustav Jung os considerou *introvertidos e extrovertidos.*

Em todos há uma ânsia comum: os *fracos* fortalecerem-se, os *ciclotímicos* harmonizarem-se e os *introvertidos* exteriorizarem-se.

As psicoterapias são aplicadas conforme as revelações do inconsciente, arrancando dos arquivos do psiquismo os fatores que geraram os traumas e determinaram os conflitos, interpretando as ocorrências dos sonhos nos estados oníricos e as liberações catárticas nas demoradas análises.

Nem sempre, porém, serão encontradas as matrizes de tais patologias, que estão profundamente registradas no Espírito, como decorrência de condutas, de atividades, dos sucessos das reencarnações passadas.

Somente a sondagem cuidadosa dos arcanos do ser pretérito enseja o encontro das causas passadas, geradoras dos problemas atuais.

Uma análise transpessoal libera-o dos tabus, inclusive, da visão distorcida da realidade, que deixa de ser a exclusiva expressão terrena, para transportá-la para a vida imortal, precedente ao corpo e a ele sobrevivente, demonstrando que o êxito, o triunfo, o fracasso, o insucesso, não se apresentam conforme a proposta social imediatista, porém outra mais significativa e poderosa.

Convém determinar-se que o êxito material pode significar fracasso emocional, espiritual, e, às vezes, o insucesso, a aparente falta de triunfo constitui a plena vitória

O ser consciente

sobre si mesmo, suas paixões e pequenezes, uma forma de opção para o crescimento interior, em vez do empenho pelo amealhar de moedas e reunião de títulos que não acalmam as emoções nem tranquilizam as ambições.

Certamente, a criatura deve possuir e dispor de recursos necessários para uma vida saudável, consentânea com o grupo social no qual se encontra. No entanto, o êxito não pode ser medido em contas bancárias, prestígio na comunidade e destaque político. Da mesma forma, não é factível definir-se por fracasso a ausência desses troféus.

Os homens e mulheres plenos, vitoriosos de todos os tempos, venceram-se, completaram-se e, sem qualquer tipo de conflito, optaram pela realização interior, respeitando todas as aspirações e direitos dos demais indivíduos, porém, a eles próprios impondo-se a autorrealização que lhes propiciou saúde – mesmo quando enfermos –, felicidade – embora perseguidos algumas vezes, e êxito, isto é, a vitória no que anelavam, apesar de levados ao martírio.

A visão transpessoal do êxito e do fracasso está ínsita na pessoa interior, real, a criatura harmonizada consigo mesma, com as outras pessoas, com a Natureza e a Vida.

Êxito é encontro, enquanto fracasso é domínio pelo *ego*.

O êxito gera paz, e o fracasso inquieta.

Autoanalisando-se, cada qual se descobre, assim dando-se conta do triunfo ou do insucesso, podendo recomeçar para alcançar o êxito, nunca o fracasso.

DIFICULDADES DO *EGO*

Característica iniludível de imaturidade psicológica do indivíduo é a sua preocupação em projetar o próprio *ego*.

Atormentado pela ausência de valores pessoais, quão inseguro no comportamento, apega-se às atitudes afligentes da autopromoção, passando a viver em contínua inquietação, porque sempre insatisfeito.

Afirmou Freud que o *sofrimento é inevitável,* considerando os grandes problemas que aturdem os seres nas várias expressões em que se exteriorizam.

De fato, a transitoriedade da vida física responde pela morte rápida da ilusão e pela destruição dos seus castelos, produzindo lamentáveis estados emocionais naqueles que se lhes agarram com todas as veras. Logo se percebem de mãos vazias, sem qualquer base em que apoiem e firmem as aspirações que acalentam.

As diversas enfermidades e as variadas frustrações, que se radicam no *ego*, têm, porém, uma historiografia muito larga, transcendendo a existência atual, remontando ao passado espiritual do ser.

Não conhecendo a gênese das mesmas, o indivíduo centraliza, nas necessidades de afirmação da personalidade, os seus anseios, derrapando nas valas da projeção indébita do *ego*.

Quando não consegue aparecer através das realizações edificantes, mascara-se e promove situações que vitaliza no íntimo, desde que chame a atenção, faça-se notar.

Em alguns casos, vitimado por conflitos rudes, elabora estados narcisistas e *afoga-se* na contemplação da própria imagem, em permanente estado de alienação do mundo real e das pessoas que o cercam.

Patologicamente se sente inferiorizado, e oculta o drama interior partindo para o exibicionismo, como mecanismo de fuga, sustentando-se em falsos pedestais que desmoronam e produzem danos psicológicos irreparáveis.

O ser consciente

A criatura que não se conhece atende ao *ego*, buscando tornar-se o centro das atenções mediante tricas e malquerenças, que estabelece com rara habilidade, ou envolvendo-se nos mantos que a tornam vítima, para, desse modo, inspirar simpatia, colimando o objetivo de ser admirada, tida em alta conta.

Toda preocupação que se fixa, conduzindo à autopromoção, constitui sinal de alarme, denunciando manifestação dominadora do *ego* em desequilíbrio, que logo gerará problemas.

A conscientização da transitoriedade da existência física conduz o ser ao cooperativismo e à natural humildade, tendo em vista as realizações que devem permanecer após o seu desaparecimento orgânico.

Por outro lado, o autodescobrimento amadurece o ser, facultando-lhe compreender a necessidade da discrição que induz ao crescimento interior, à plenitude.

Toda vez que alguém se promove, chama a atenção, mas não se realiza. Pelo contrário, agrada o *ego* e fica inquieto, observando os competidores eventuais, pois que, em todas as pessoas que se destacam vê inimigos, em face do próprio desequilíbrio, assim engendrando novas técnicas para não ficar em segundo plano, não passar ao esquecimento.

O tormento se lhe faz tão pungente e perturbador que, em determinadas áreas das artes, criou-se o brocardo: *Que se fale mal de mim; mas que se fale,* numa asseveração de que a evidência lhes preenche, mesmo quando é negativa.

A Psicologia Transpessoal, diante de tal estado, propõe uma revisão dos conteúdos da personalidade, do *ego*, estabelecendo, como fator essencial no processo da busca da saúde, a conquista do ser pleno, realizador, identificando-se preexistente ao corpo e a ele sobrevivente, sem o que a vida se lhe torna, realmente, um *sofrimento inevitável.*

Nas faixas da evolução mais densa, em que estagia a grande mole humana, o sofrimento campeia, por ser uma forma de malho e de bigorna que trabalham o indivíduo, nele insculpindo o Anjo e arrancando-lhe o demônio do primitivismo aí predominante.

Ciúme, ressentimento, inveja, ódio, maledicência e um largo cortejo de emoções perturbadoras são os filhos diletos do *ego,* que deseja dominação e, na ânsia de promover-se, nada mais logra do que projetar a própria *sombra,* profundamente prejudicial, iníqua.

A superação dessa debilidade moral, dessa imaturidade psicológica ocorrerá quando o paciente, de início, *vigiar as nascentes do coração,* conforme propôs Jesus, o Psicoterapeuta Excelente, realizando um trabalho de crescimento emocional e uma realização pessoal plenificadores.

Qualquer escamoteamento da situação mórbida constitui risco para o comportamento, em face dos perigos que são produzidos pelos problemas do *ego* dominador.

NEUROSE

Enfermidade apirética, decorrente de perturbações do sistema nervoso, sem qualquer lesão anatômica de vulto, a neurose é mal que perturba expressivo número de criaturas da mole humana.

Com características próprias e sem causalidade cerebral, desequilibra a emoção e gera desajustes fisiológicos sem patogênese profunda.

O ser consciente

Para um melhor, breve, estudo metodológico, recorremos a Freud, que classificou as neuroses em dois grupos, embora a complexidade moderna de conceitos e variedades ora apresentados por especialistas.

O célebre médico vienense, que muito se interessou pelas neuroses, estabeleceu que as há *verdadeiras* e *psiconeuroses*. As primeiras decorrem de fixações e pressões de vária ordem, desajustando o sistema nervoso, sem que necessariamente o lesionem. Ao lado do mecanismo psicológico causal, apresentam uma temporária perturbação orgânica. São elas: a neurastenia, a hipocondria, as de ansiedade, as de origem traumática... Ao se instalarem, apresentam estados de angústia, de ansiedade, de insegurança, de medos... As segundas, porque de origem psicogênica, conduzem a uma regressão de fixações da infância, expressando-se como manifestações de histeria conversiva, ansiosa, incluindo os estados obsessivo e compulsivo.

As neuroses, porque de apresentação sutil no seu começo – tiques nervosos, repetições de palavras ou de gestos, dependências de *bengalas* psicológicas, fixações psíquicas que se agravam –, grassam na sociedade, especialmente em decorrência de exigências do grupo social e da coletividade, em formas de pressões reais ou aparentes, que, nos temperamentos frágeis, produzem desarmonia, dando curso a inquietações, às vezes, alarmantes.

É comum fazerem-se acompanhar de episódios e fenômenos somáticos mui variados, como taquicardias, prisões de ventre, dores que parecem reais. À medida que se agravam, podem levar a paralisias, distúrbios de postura, de fonação, movimentos desconexos...

Quando se apresentam com manifestações fóbicas – medos de ambientes fechados, de altura, de doenças, amnésia, etc. –, trazem componentes graves, de mais difícil recuperação.

O quadro dos estados histéricos, conversivos e ansiosos radica-se na psique e tende a avançar para as fixações obsessivas e compulsivas atormentantes.

Generalizando a sua etiopatogenia, também podem manifestar-se em caráter misto, isto é, *verdadeiro* e *psicogênico,* simultaneamente, assumindo proporções mais sérias, a um passo dos estados psicóticos, às vezes, irreversíveis.

Não raro, as neuroses apresentam-se com caráter de *culpa,* atormentando o paciente com a inquietante ideia de que, sobre todo mal e insucesso que lhe acontece, a responsabilidade pertence-lhe. A manifestação do pensamento de culpa tem um significado autopunitivo, perturbador, que dissocia a personalidade, fragmentando-a.

Outras vezes, expressam-se como forma *de transferência,* e a necessidade de culpar outrem aturde o paciente, que se apresenta sempre na condição de vítima, buscando, fora de si, as razões que lhe justifiquem as ocorrências mínimas ou máximas que o desagradem. Quando ele não encontra um responsável próximo e direto, apela para a figura do abstrato coletivo: a sociedade, o governo, Deus...

Os estados neuróticos são profundamente inquietadores e desarmonizam o psiquismo humano, necessitando receber conveniente terapia, bem como perseverante esforço de recomposição psicológica.

Aprofundando-se a sonda da inquirição na psicogênese dos fenômenos neuróticos, defrontar-se-ão as *causas reais* na conduta anterior do paciente, que atrelou a consciência a

O ser consciente

comportamentos desvairados e passou injustamente considerado, recebendo simpatia e amizade dos amigos e conhecidos, quando deveria haver sido justiçado, transferindo os receios e inseguranças, que permaneceram camuflados por aparência digna para a atual reencarnação, na qual assomam do inconsciente profundo as culpas e os conflitos que ora se manifestam como processos reparadores.

Eis por que, ao lado das neuroses, surgem episódios de obsessão espiritual que agravam a débil constituição do enfermo, empurrando-o para processos longos de loucura.

Assim ocorre, porque as vítimas das suas ações ignóbeis morreram, porém não se consumiram, e porque prosseguiram vivendo, reencontram, por afinidade de consciência de dívida-e-cobrança, os adversários, infligindo-lhes então maior soma de aflições, a princípio telepaticamente, depois os sujeitando pelo controle mental e, ainda, mais tarde, de natureza física, quando ocorrem as subjugações lamentáveis.

A consciência inquieta, que reflete na psicologia do indivíduo os estados neuróticos, encontra-se vinculada a acontecimentos pretéritos, negativos, quão infelizes.

As moléstias, particularmente na área psíquica, instalam-se, por serem *doentes da alma* os seus portadores.

Toda terapia liberativa deve ter como recurso de auxílio a renovação moral do paciente, sua reeducação através das disciplinas espirituais da oração, da meditação, da relevante ação caridosa, por cujo meio ele se lenifica e se apazigua com aqueles que o odeiam e consigo mesmo, por constatar a excelência da própria recuperação.

Lentamente, a Psicologia Transpessoal identifica esses *seres* – personalidades anômalas, dúplices, etc. –, que interferem no comportamento das criaturas humanas e as

Joanna de Ângelis / Divaldo Franco

perturbam, não sendo outros, senão, as almas dos homens que antes viveram na Terra e permanecem vivos.

Como terapia preventiva a qualquer distúrbio neurótico, a autoanálise frequente, com o exame de consciência correspondente, *desidentificando-se* das *matrizes* perturbadoras do passado, e abrindo-se às realizações de enobrecimento no presente, com os anseios da conquista tranquila do futuro.

Certamente, conhecendo a etiopatogenia das enfermidades em geral, Jesus asseverou: – *A cada um segundo as suas obras...*

Atuar sempre com segurança após saudável reflexão, pensar com retidão e viver em paz consigo mesmo, representam o mais equilibrado e expressivo caráter psicológico de criatura portadora de saúde mental.

4
Fatores de desintegração da personalidade

Autocompaixão • Queixas • Comportamentos exóticos

Autocompaixão

P sicologicamente, o homem que cultiva a autopiedade desenvolve tormentos desnecessários que o deprimem na razão direta em que a eles se entrega.

Reflexões sobre dificuldades pessoais constituem fenômeno auxiliar para ações dignificadoras, facultando a identificação dos recursos disponíveis, bem como avaliação das atitudes que redundaram em insucesso ou desequilíbrio, a fim de evitá-las no futuro ou corrigi-las quanto antes.

Toda aprendizagem assenta-se nos critérios do *erro* e do *acerto*, selecionando as experiências consideradas saudáveis, benéficas, que se fixam pela natural repetição.

Desse modo, os insucessos são patamares que propiciam avanços para que se alcancem degraus mais elevados.

Quando, porém, o indivíduo elege a posição de vítima da vida, assumindo a lamentável condição de infelicidade, encontra-se a um passo de perturbações emocionais graves, logo derrapando em psicopatologias devastadoras.

A mente, conforme seja acionada pela vontade, torna-se cárcere sombrio, ou asas de libertação, e ninguém se lhe exime à influência.

Conduzida pelos escuros corredores da lamentação, desatrela condicionamentos que aprisionam o ser demoradamente.

Por isso mesmo, o cultivo da autocompaixão, mediante a insistente reclamação em torno dos acontecimentos da vida, demonstrando insatisfação sistemática, transforma-se em mecanismo masoquista de perturbadora presença no psiquismo. A pseudoaflição mantida converte-se em motivo de alegria, realizando um mecanismo de valorização pessoal, cujo desvio comportamental plenifica o *ego*.

Todo aquele que se faculta a autocompaixão neurótica é portador de insegurança e de complexo de inferioridade, que disfarça, recorrendo, inconscientemente, às transferências da piedade por si mesmo, sem qualquer respeito pelas demais pessoas. Desenvolve os sentimentos de indiferença pelos problemas dos outros, fechando-se no círculo diminuto da personalidade mórbida.

No seu atormentado ponto de vista, somente a sua é uma situação dolorosa, digna de apoio e solidariedade. E, quando essas expressões de socorro lhe são dirigidas, reage, recusando-as, a fim de permanecer na postura de infelicidade que o torna *feliz*.

Aquele que se entrega à autocompaixão nunca se satisfaz com o que tem, com o que é, com os valores de que dispõe e pode movimentar. Não raro, encontra-se mais bem aquinhoado do que a maioria das pessoas no seu grupo social; no entanto, reclama e convence-se da desdita que imagina, encarcerando-se no sofrimento e exteriorizando

O ser consciente

mal-estar à volta, com que contamina as pessoas que o cercam ou que se lhe acercam.

Os grandes vitoriosos do mundo lutaram com tenacidade para romper os limites, os problemas, as enfermidades, os desafios. Não nasceram fortes; tornaram-se vigorosos no fragor das batalhas travadas. Não se detiveram na lamentação, porque investiram na ação todo o tempo disponível.

Milton, o poeta cego, prosseguiu escrevendo excelentes poemas, em vez de lamentar-se; Beethoven continuou compondo, e com mais beleza, após a surdez total; Chopin, tuberculoso, deu seguimento às músicas ricas de ternura, entre crises de hemoptises, e Mozart, na miséria, sofrendo competições ultrizes, traduziu para os ouvidos humanos as belas melodias que lhe vibravam na alma...

Epícteto, escravo e doente, filosofava, estoico; Demóstenes, gago, recorreu a seixos da praia, colocando-os na boca, para corrigir a dicção; Steinmetz, aleijado, contribuiu para o engrandecimento da Química...

Franklin D. Roosevelt, vitimado pela poliomielite, tornou-se presidente dos Estados Unidos da América do Norte e colaborou grandemente para a paz mundial durante a Segunda Guerra; Helen Keller, cega, surda e muda, comoveu o mundo com a sua coragem, cultura e amor a Deus, ao próximo, à vida e a si própria...

A galeria é expressiva e iluminada pelo gênio e pela coragem desses homens e mulheres extraordinários.

Quando se mantém a autocompaixão, extermina-se o amor, não se amando, nem tampouco a ninguém.

O homem tem o dever de aprofundar meditações em torno das aflições e dos seus problemas, a fim de superá-los.

O desenvolvimento saudável do ser psicológico impele-o à confiança e o induz à atividade para a aquisição do sentido da vida, da sua finalidade.

Quem de si se compadece, recusa-se a crescer e não luta, estagiando na amargura com a qual se compraz.

Fator de desintegração da personalidade, a autocompaixão deve ser rechaçada sempre e sem qualquer consideração, cedendo espaço mental para os tentames que levam à vitória, à saúde emocional e à harmonia íntima.

QUEIXAS

O Golfo de Corinto, na Grécia, é região de beleza ímpar. As suas águas, em tonalidade azul-turquesa, parecem um espelho, emoldurado pelas montanhas que lhes resguardam a tranquilidade multimilenária.

No Monte Parnaso, em lugar de destaque, erguia-se o santuário de Delfos, o mais importante da época, onde se cultuava Apolo, o deus da razão, da cultura, da luz.

Na mitologia grega arcaica, Apolo era o símbolo do conhecimento, equacionador dos enigmas e dos conflitos. Para o seu templo, em consequência, acorriam multidões aturdidas e ansiosas em busca de orientação, de segurança emocional, de solução para os problemas.

Psicanaliticamente, era um reduto onde nasciam as identificações inconscientes do ser, organizadoras do Eu. Ali, as sibilas, que transmitiam as respostas do deus evocado, desempenhavam papel importante no comportamento dos consulentes, bem como das cidades-estados que lhes buscavam ajuda, inspiração.

O ser consciente

Era o santuário no qual se sucediam os apelos e se multiplicavam as queixas dos desesperados, dos que necessitavam de soluções imediatas para a sobrevivência moral, financeira, social, emocional...

Hoje, reduzido a escombros, ainda permanece a sua mensagem no inconsciente da criatura, herdeira do arquétipo arcaico, que prossegue buscando soluções fáceis, miraculosas, sem o contributo do esforço pessoal, que deve ser desenvolvido.

Permanecendo na infância psicológica, aquele que de tudo se queixa tem a personalidade desestruturada, permanecendo sob constantes bombardeios do pessimismo, do azedume e dos raios destruidores da mente rebelde.

A queixa de que se faz portador é reação mental e emocional patológica, refletindo-lhe a insegurança e a perturbação, responsáveis pelas ocorrências negativas que procura ignorar ou escamotear.

Ocultando os conflitos perturbadores, transfere para as demais pessoas as *causas* dos seus insucessos, sem conseguir enunciá-las, porque destituídas de lógica, passando as acusações para os tempos nos quais vive, às autoridades governamentais, à má sorte, aos fados perversos, assim acalmando-se e tornando-se vítima, no que se compraz.

Os mitos trágicos, que remanescem no inconsciente, assomam-lhe e personificam-se nas criaturas, que passa a detestar, ou nas circunstâncias, que são denominadas como aziagas.

Certamente, há fatores humanos e ocasionais que respondem pelas dificuldades e problemas humanos. São, no entanto, a fragilidade e a insegurança do paciente que ocasionam o insucesso, que poderia ser transformado em êxito, caso, no qual, abandonando a queixa, perseverasse na ação bem-direcionada.

Não consideramos sucesso apenas o triunfo econômico, social, político, religioso, artístico, quase sempre responsável por expressões de profundo desequilíbrio no comportamento, gerador de estados neuróticos e de perturbações lastimáveis, que se agravam com as queixas.

Referimo-nos a sucesso, quando o indivíduo, em qualquer circunstância, mantém a administração dos seus problemas com serenidade, conserva-se em harmonia no êxito social ou na dificuldade, sem nenhuma perturbação ou desagregação da personalidade, através dos bem-aceitos recursos de evasão da responsabilidade.

Por isso, o santuário de Delfos ensinava o *conhece-te a ti mesmo* como psicoterapia relevante, e mediante esta contribuição o ser amadureceria, crescendo interiormente, assegurando-se da sua fatalidade histórica, a plenitude.

A queixa, como ferrugem na engrenagem do psiquismo, é cruel verdugo de quem a cultiva.

Substituí-la pela compreensão, perante os fenômenos da vida, constitui mecanismo valioso de saúde psicológica.

Diante de quaisquer injunções perturbadoras, o enfrentamento tranquilo com as ocorrências deve ser a primeira atitude a ser tomada, qual se se buscasse Apolo – o discernimento –, deixando-se conduzir pela razão lúcida – a sibila – e descobrisse a real finalidade de todos os fatos existenciais.

Comportamentos exóticos

A dependência psicológica do morbo da queixa, traduzindo insegurança e instabilidade emocional, leva a estados perturbadores que se podem evitar, mediante o cuidado

O ser consciente

na elaboração das ideias e do otimismo na observação das ocorrências.

O queixoso perdeu o endereço de si mesmo, transferindo-se para os departamentos da fiscalização da conduta alheia.

Síndrome compulsiva para aparecer, o paciente se oculta na mentirosa postura de vítima ou na condição de portador de conduta inatacável, escorregando pela viciação acusadora, que mais lhe agrava o distúrbio no qual estertora.

Da simples fixação do erro, e apenas dele – conforme afirma o brocardo popular: *Enxerga uma agulha num palheiro* –, modifica o comportamento, perdendo a linha convencional do que é correto e saudável para viver de maneira alienada, cultivando exotismos, dando largas ao inconsciente, responsável pelas repressões que se transformaram em mecanismos de afirmação da personalidade.

Saúde, em realidade, é estado de bom humor, com inalterável tolerância pelas excentricidades dos outros e seus correspondentes erros.

O homem saudável sobressai pela harmonia e otimismo em todas as situações, mantendo-se equilibrado, sem os azedumes perturbadores, os ademanes chamativos, nem as agravantes manifestações anômalas.

A doença caracteriza-se pela inarmonia em qualquer área da pessoa humana, gerando os distúrbios catalogados nos diferentes departamentos do corpo, da mente, da emoção.

A insegurança, a frustração, os complexos de inferioridade, perturbando o equilíbrio psicológico, transferem-se para as reações nervosas, manifestando-se em contrações musculares, fixações, repetições de gestos, palavras e conduta alienadoras, que degeneram nas psicoses compulsivas, específicas, cada vez mais constritoras, em curso para o desajuste total...

O excêntrico é ser atormentado, ególatra; frágil, que se faz indiferente; temeroso, que se apresenta com reações imprevisíveis; insensível, que se recusa enfrentar-se. Ignora os outros e vive comportamentos especiais, como única maneira de liberar os conflitos em que se aturde.

A psicoterapia própria, reajustadora, apresenta-se-lhe propondo uma revisão de valores culturais e sociais, envolvendo-o no grupo familiar e nos problemas da comunidade, a fim de que rompa a carapaça da dissimulação e assuma as responsabilidades que interessam a todos, tornando-se célula harmônica, ativa, em vez de manter-se em processo degenerativo, ameaçador...

Atavicamente herdeiro dos hábitos pretéritos, conduz, de reencarnações infelizes, excentricidades multiformes, como arquétipos do inconsciente coletivo que, no entanto, são gerados por ele próprio.

Nessa área, surgem os distúrbios do sexo, predominando a psicologia à morfologia, caracterizando biótipos extravagantes, que chamam a atenção pelo desvio de conduta, por fenômeno psicológico de não aceitação de sua *realidade,* compondo uma personificação que agride aos outros, e a si mesmo se realiza em fenômeno de autodestruição.

A exibição não é apenas uma forma de assumir o estado interior, psicológico, mas, também, de chocar, em evidente revolta contra o equilíbrio mente-corpo, emoção-função fisiológica...

Por extensão, a compulsão psicótica leva-o à extroversão exagerada, em todas as formas da sua comunicação com o mundo exterior, pondo para fora os conflitos, mascarados

O ser consciente

em expressões que lhe parecem afirmar-se perante si mesmo e as demais pessoas.

Outrossim, algumas dessas personalidades exóticas fazem-se isoladas onde quer que se encontrem, evitando o relacionamento com o grupo, em postura excêntrica, de natureza egoísta.

Exigem consideração, que não dispensam a ninguém; auxílio, que jamais retribuem; gentilezas, que nunca oferecem, sendo rudes, mal-humorados, insensíveis e presunçosos.

Essa é uma fase adiantada do comportamento exótico, que exige mais acentuada terapia de profundidade.

Nesse estágio da conduta, os sonhos são-lhes caracterizados pela necessidade tormentosa de conseguirem a realização plenificadora, que não atingem.

Devaneios íntimos povoam-lhes o campo onírico, referto de transtornos e pesadelos, que mais os inquietam quando no estado de consciência lúcida.

Os fatos da infância ressurgem-lhes fantasmagóricos, e a *imagem da mãe,* excessivamente dominadora ou tragicamente benévola, que transferiu para o *rebento* suas frustrações e nele passou a realizar-se, anelando para a felicidade do ser querido tudo aquilo quanto não fruiu; neurótica, portanto, na sua estrutura maternal.

A psicoterapia deve apoiar-se na busca da conscientização do paciente, para que assimile novos hábitos, empenhando-se em harmonizar a sua *natureza interior* com a sua *realidade exterior,* exercitando-se no convívio social sem a *tentação* de destacar-se, sendo pessoa comum, identificada com os objetivos normais da vida, que escolherá conforme as próprias aptidões, trabalhando com esforço a modelagem da nova personalidade.

O desenvolvimento da criatividade contribui para o ajustamento da personalidade ao equilíbrio, gerando o enriquecimento interior, que anulará os condicionamentos viciosos.

Sem dúvida, o acompanhamento do psicólogo assim como do analista atentos lhe propiciará o encontro com o Eu profundo e seus conteúdos psíquicos, liberando-se das heranças neuróticas e dos condicionamentos psicóticos.

O homem e a mulher saudáveis têm comportamento ético, sem pressão, e tornam-se comuns, sem vulgarizarem-se.

5
Problemas humanos

Gigantes da alma: ressentimento, ciúme e inveja •
Necessidade de valorização • Padrões de
comportamento: mudanças

Problemas humanos

Os problemas humanos ou desafios existenciais fazem parte do organograma da evolução.

A criatura pensante é um ser incompleto ainda, em constante processo de aprimoramento, de transformações, em prolongado esforço para desenvolver os potenciais psicofísicos, parapsicológicos e mediúnicos nela em latência.

Aferrada às impressões mais grosseiras do *ego*, em face do que considera como fatores indispensáveis à sobrevivência – valores materiais que propiciam alimentação, vestuário, repouso, prazer e tranquilidade ante a doença e a velhice –, desenvolve o apego e exterioriza o sentimento centralizador da posse, mantendo-se em alerta para a preservação desses bens, que lhe parecem de significado único, portanto, essenciais.

Qualquer ameaça, real ou imaginária, que possa produzir a perda, torna-se problema, que logo se incorpora à conduta, gerando perturbação, desar.

Além desses, outros (problemas) há de natureza psicológica, como heranças reencarnatórias, que ressumam em forma de fenômenos patológicos, inquietadores.

Somem-se-lhes os que se derivam do inseguro inter-relacionamento pessoal, como decorrência do que se consigna em condição de imperfeições da alma.

Os problemas enraízam-se, não raro, nos tecidos da malha delicada do psiquismo, avultando-se ou perdendo o sentido, de acordo com as resistências fortes ou frágeis da personalidade individual.

O que a uns constitui gravame, aborrecimento, a outros não passa de insignificante *acidente de percurso* que estimula a marcha.

Quanto mais se valoriza o problema, mais vitalidade se lhe oferece, aumentando-lhe a força de ação com os seus correspondentes efeitos.

Nas personalidades instáveis, normalmente os complexos psicológicos assumem as responsabilidades pelas ocorrências problematizantes.

Quando algo em que se confia, ou do qual se espera resultado positivo, transforma-se em desastre, insucesso, o *ego* foge, escamoteia-o, por falta de consciência lúcida, afirmando: *eu sou culpado.*

A inferioridade psicológica desenvolve o complexo em que se refugia, e, mesmo quando em aparente conflito, nele se realiza, justifica-se, deixa de lutar.

Certamente, cada problema merece um tipo de atenção, de cuidado especial para a sua solução. Esse esforço deve ser natural, destituído dos estímulos negativos do medo ou da ansiedade, de modo a analisar a situação conforme se apresente, e não consoante os *fantasmas da insegurança* desenhem na imaginação criativa – refúgio para a irresponsabilidade que não assume o papel que lhe diz respeito.

O ser consciente

Em outros temperamentos, quando o problema se converte em dificuldade e ocorrência prejudicial, o *ego* estabelece: *a culpa é do outro; ou da saúde; ou da família; ou do grupo social; ou da sociedade em geral; ou do destino...*

Resolve-se a questão utilizando-se do complexo de superioridade, e mediante esta conduta coloca-se acima de qualquer suspeita de fragilidade, escondendo-se nas justificativas de incompreendido, perseguido, infeliz...

Evitando considerar o problema na sua real significação, passado o momento, compõe a *consciência de culpa* e esse mesmo *ego* recorre à condicional dos verbos, afligindo-se: eu *deveria* ter feito de tal forma; eu *poderia* ter enfrentado; eu *tentaria* evitar...

Mecanismos perversos de imaturidade compõem a tecedura protetora do escapismo, para fugir das consequências dos problemas, cuja finalidade é testar as possibilidades e valores de cada uma em particular e de todas as criaturas em geral.

O problema humano, portanto, maior e mais urgente para ser equacionado, é a própria criatura.

Para consegui-lo, mister se torna o amadurecimento psicológico, decorrente do esforço sério e bem direcionado, do estudo do Eu profundo e da sua busca incessante, que são as metas existenciais mais urgentes.

Na transitoriedade da condição humana, o Eu profundo deve emergir, desatando os inestimáveis recursos que lhe são inatos, graças aos quais o psiquismo comanda conscientemente a vida, abrindo o leque imenso das percepções paranormais.

Nesse elenco de registros parapsíquicos desabrocham os recursos mediúnicos que propiciam o livre trânsito entre as duas esferas da vida: a física e a espiritual.

Essa dilatação da capacidade parafísica propicia o mergulho do Eu profundo – o Espírito – na causalidade dos fenômenos humanos, assim interpretando, na origem, os problemas que sempre procedem das experiências anteriores.

Mesmo quando são atuais e começaram recentemente, o ser que os enfrenta necessita deles, recuperando-se moralmente, trabalhando o amadurecimento, porquanto, o estado de infância psicológica decorre da ausência de realizações evolutivas.

Ninguém permanece vivo sem o enfrentamento com os problemas, que existem para ser resolvidos, oferecendo o saldo positivo de evolução.

GIGANTES DA ALMA

Envolto na pequenez das aspirações *egoicas,* o ser move-se sob as injunções das necessidades de projeção da imagem, por sentir-se incapaz de superar a *sombra*, manifestando a força do Eu real, *imagem e semelhança de Deus.*

Gerado para alcançar o Infinito e a Consciência Cósmica, é *Deus em germe,* que as experiências evolutivas desenvolvem e aprimoram.

O *ego*, projetando-se em demasia, compõe os quadros de aflição em que se refugia e, negando-se a lutar, desenvolve os fantasmas gigantes que o *protegem,* quais cogumelos venenosos que desabrocham em terrenos úmidos e férteis, medrando no seu psiquismo atormentado e passando ao domínio escravizador.

O ser consciente

Entre os terríveis gigantes da alma, que têm predomínio em a natureza humana, destacam-se: os ressentimentos, os ciúmes e as invejas, que entorpecem os sentimentos, açulam a inferioridade e terminam por vencer aqueles que os vitalizam, caso não se resolvam enfrentá-los com hercúlea decisão e pertinaz insistência.

Ressentimento

Entre os tormentos psicológicos alienadores, a presença do ressentimento na criatura humana tem lugar de destaque.

Injustificável, sob todos os pontos de vista, ele se instala, enraizando-se no solo fértil das emoções em descontrole do paciente, aí engendrando males que terminam por consumir aquele que lhe dá guarida.

A vida se expressa em padrões sociais, resultado da condição evolutiva das criaturas que se inter-relacionam. Como é natural, porque há uma larga variedade de biótipos emocionais, culturais e religiosos ou não, as suas são reações compatíveis com os níveis de consciência em que se encontram, exteriorizando ideias e comportamentos que lhes correspondem ao estado no qual se demoram.

A convivência humana é feita por meio de episódios conflitivos, por falta de maturação geral que favoreça o entendimento e a *transação psicológica* em termos de bem-estar para todos os parceiros. Predominando a *natureza animal* em detrimento dos valores espirituais e éticos, a competição e o atrevimento armam ciladas, nas quais tombam os temperamentos mais confiantes e ingênuos, que se deixam, logo após, mortificar.

Descobrindo-se em logro, acreditando-se traído, o companheiro vitimado recorre ao *ego* e equipa-se de ressentimento, instalando, nos painéis da emotividade, cargas violentas que terminarão por desarmonizar-lhe os delicados equipamentos e se refletirão na conduta mental e moral.

O ressentimento, por caracterizar-se como expressão de inferioridade, anela pelo desforço, consciente ou não, trabalhando por sobrepor o ferido ao conceito daquele que o desconsiderou.

No importante capítulo da saúde mental, indispensável ao equilíbrio integral, o ressentimento pode ser comparado a ferrugem nas peças da sensibilidade, transferindo-se para a organização somática, refletindo-se como distúrbios gástricos e intestinais de demoradas consequências. Gastrites e diarreias *inexplicáveis* procedem dos tóxicos exalados pelo ressentimento, que deve ser banido das paisagens morais da vida.

As pessoas são, normalmente, competitivas, no sentido negativo da palavra, desejando assenhorear-se dos espaços que lhes não pertencem e, por se encontrarem em faixas primitivas da evolução, fazem-se injustas, perseguem, caluniam. É um direito que têm, na situação que as caracterizam. Aceitar-lhes, porém, os petardos, vincular-se-lhes às faixas vibratórias de baixo teor, no entanto, é opção de quem não se resolve por preservar a saúde ou não deseja crescer emocionalmente.

Quando o ressentimento exterioriza as suas manifestações, deve ser combatido, mental e racionalmente, eliminando a ingerência do *ego* ferido e ensejando a libertação do Eu profundo, invariavelmente esquecido, relegado a plano secundário.

O ser consciente

O indivíduo, através da reflexão e do autoencontro, deve preocupar-se com o desvelamento do Si, identificando os valores relevantes e os perniciosos, sem conflito, sem escamoteamento, trabalhando aqueles que são perturbadores, de modo a não facultar ao *ego* doentio o apoio psicológico neles, para esconder-se sob o ressentimento na justificativa de buscar ajuda para a autocompaixão.

O processo de evolução é incessante, e as mudanças, as transformações fazem-se contínuas, impulsionando à conquista dos recursos adormecidos no imo, o *Deus interno* que jaz em todos os seres.

A liberação do ressentimento deve ser realizada através da racionalização, sem transferências nem compensações *egoicas.*

À medida que a experiência fixa aprendizados, esse terrível *gigante da alma* se apequena e se dilui, desaparece, a partir do momento em que deixa de receber os alimentos de manutenção pela ideia fixa e mediante o desejo de revidar, de sofrer, de ser vítima...

CIÚME

Tipificando insegurança psicológica e desconfiança sistemática, a presença do ciúme na alma transforma-se em algoz implacável do ser. O paciente que lhe tomba nas malhas estertora em suspeitas e *verdades,* que nunca encontram apoio nem reconforto.

Atormentado pelo *ego* dominador, o paciente, quando não consegue *asfixiar* aquele a quem estima ou ama, dominando-lhe a conduta e o pensamento, foge para o ciúme, em cujo campo se homizia, a fim de entregar-se aos sofrimentos masoquistas que lhe ocultam a imaturidade, a preguiça mental e o desejo de impor-se à vítima da sua psicopatologia.

No aturdimento do ciúme, o *ego* vê o que lhe agrada e se envolve apenas com aquilo em que acredita, ficando surdo à razão, à verdade.

O ciúme atenaza quem o experimenta e aquele que se lhe torna alvo preferencial.

O ciumento, inseguro dos próprios valores, descarrega a fúria do estágio primitivista em manifestações ridículas, quão perturbadoras, em que se consome. Ateia incêndios em ocorrências imaginárias, com a mente exacerbada pela suspeita infeliz, e envenena-se com os vapores da revolta em que se rebolca, insanamente.

Desviando-se das pessoas e ampliando o círculo de prevalência, o ciúme envolve objetos e posições, posses e valores que assumem uma importância alucinada, isolando o paciente nos sítios da angústia ou armando-o com instrumentos de agressão contra todos e tudo.

O ciúme tende a levar sua vítima à loucura.

O *ego* enciumado fixa o móvel da existência no desejo exorbitante e circunscreve-se à paixão dominadora, destruindo as resistências morais e emocionais, que terminam por ceder-lhe as forças, deixando de reagir.

Armadilha do *ego* presunçoso, ele merece o extermínio através da conquista de valores expressivos, que demonstrem ao próprio indivíduo as suas possibilidades de ser feliz.

Somente o *Self* pode conseguir essa façanha, arrebentando as algemas a que se encontra agrilhoado, para assomar, rico de realizações interiores, superando a estreiteza e os limites *egoicos,* expandindo-se e preenchendo os espaços

O ser consciente

emocionais, as aspirações espirituais, vencidos pelos gases venenosos do ciúme.

Liberando-se da compressão do ciúme, a pouco e pouco, o Eu profundo *respira,* alcança as praias largas da existência e desfruta de paz com alguém ou não, com algo ou nada, porém com harmonia, com amor, com a vida.

INVEJA

Remanescente dos atavismos inferiores, a inveja é fraqueza moral a perturbar as possibilidades de luta do ser humano.

Em vez de empenhar-se na autovalorização, o paciente da inveja lamenta o triunfo alheio e não luta pelo seu; compete mediante a urdidura da intriga e da maledicência; aguarda o insucesso do *adversário,* no que se compraz; observa e persegue, acoimado por insidiosa desdita íntima.

Egocêntrico, não saiu da infância psicológica e pretende ser o único centro de atenção, credor de todos os cultos e referências.

Insidiosa, a inveja é resultado da indisciplina mental e moral que não considera a vida como patrimônio divino para todos, senão, para si apenas. Trabalha, por inveja, para competir, sobressair, destacar-se. Não tem ideal, nem respeito pelas pessoas e pelas suas árduas conquistas.

Normalmente moroso e sem determinação, resultado da sua morbidez inata, o enfermo de inveja nunca se alegra com a vitória dos outros, nem com a alheia realização.

A inveja descarrega correntes mentais prejudiciais dirigidas às suas vítimas, que somente as alcançam se esti-

Joanna de Ângelis / Divaldo Franco

verem em sintonia, porém cujos danos ocorrem no fulcro gerador, perturbando-lhe a atividade, o comportamento.

A terapia para a inveja consiste, inicialmente, na cuidadosa reflexão do Eu profundo em torno da sua destinação grandiosa, no futuro, avaliando os recursos de que dispõe e considerando que a sua realidade é única, individual, não podendo ser medida nem comparada com outras em razão do processo da evolução de cada um.

O cultivo da alegria pelo que é e dos recursos para alcançar outros novos patamares enseja o despertar do amor a si mesmo, ao próximo e a Deus, como meio e meta para alcançar a saúde ideal, que lhe facultará a perfeita compreensão dos mecanismos da vida e as diferenças entre as pessoas, formando um todo holístico na Grande Unidade.

Necessidade de valorização

Os destrutivos *gigantes da alma,* que exteriorizam os tormentos e a imaturidade do *ego,* de alguma forma refletem um fenômeno psicológico, às vezes de procedência inconsciente, noutras ocasiões habilmente estabelecido, que é a necessidade da sua valorização.

Quando escasseiam os estímulos para esse cometimento do Eu, sem crescimento interior, que não recebe compensação externa mediante o reconhecimento nem a projeção da imagem, o *ego* sobressai e fixa-se em mecanismos perturbadores a fim de lograr atenção, desembaraçando-se, dessa forma, do conflito de inferioridade, da sensação de incompletude.

Tivesse maturidade psicológica e recorreria a outros construtores *gigantes da alma,* como o amor, o esforço pessoal, a conscientização, a solidariedade, a filantropia, desen-

O ser consciente

volvendo as possibilidades de enriquecimento interior capazes de plenificação.

Acostumado às respostas imediatas, o *ego* infantil deseja os jogos do prazer a qualquer preço, mesmo sabendo que logo terminam deixando frustração, amargura e novos anelos para fruir outros. A fim de consegui-lo e por não saber dirigir as aspirações, asfixia-se nos conflitos perturbadores e atira-se ao desespero. Quando assim não ocorre, volta-se para o mundo interior e reprime os sentimentos, fechando-se no estreito quadro de depressão.

Renitente, faculta que ressumam as tendências do prazer, mascaradas de autoaflição, de autoflagelação, de autodepreciação.

Entre muitos religiosos em clima de insatisfação pessoal, essa necessidade de valorização reaparece em estruturas de aparente humildade, de dissimulação, de piedade, de proteção ao próximo, estando desprotegidos de si mesmos...

A humildade é uma conquista da consciência que se expressa em forma de alegria, de plenitude. Quando se manifesta com sofrimento, desprezo por si mesmo, violenta desconsideração pela própria vida, exibe o lado oculto da vaidade, da violência reprimida e chama a atenção para aquilo que, legitimamente, deve passar despercebido.

A humildade é uma atitude interior perante a vida; jamais uma indumentária exterior que desperta a atenção, que forja comentários, que compensa a fragilidade do *ego*.

O caminho para a conscientização, de vigilância natural, sem tensão, fundamentando-se na intenção libertadora, é palmilhado com naturalidade e cuidado.

Jesus, na condição de excepcional Psicoterapeuta, recomendava a vigilância antes da oração, como forma de autoencontro, para depois ensejar-se a entrega a Deus sem preocupação outra alguma.

A Sua proposta é atual, porquanto o inimigo do homem está nele, que vem herdando de si mesmo através dos tempos, na *esteira das reencarnações* pelas quais tem transitado. Trata-se do seu *ego*, dissimulador hábil que conspira contra as forças da libertação.

Não podendo fugir de si mesmo nem dos fatores arquetípicos coletivos, o ser debate-se entre o passado de *sombras* – ignorância, acomodação, automatismos dos instintos, e o futuro de luz – plenitude através de esforço tenaz, amor e autorrealização –, recorrendo aos dias presentes, conturbados pelas heranças e as aspirações. No entanto, atraído pela razão à sua fatalidade biológica – *a morte-transformação do soma*, histórica – *a felicidade*, e espiritual – *a liberdade plena* –, vê o desmoronar dos seus anseios e reconstrói os edifícios da esperança, avançando sem cessar e conquistando, palmo a palmo, a *terra de ninguém*, onde se expressam as próprias emoções conturbadas.

Essa necessidade de valorização *egoica* pode ser transformada em realização do Eu mediante o contributo dos estímulos.

Cada ação provoca uma reação equivalente. Quando não se consegue uma resposta através de um estímulo positivo, como por exemplo: – *Eu te amo*, para uma contestação equivalente: – *Eu também*, recorre-se a uma negativa: – *Ninguém me ama*, recebendo-se uma evasiva: – *Não me inclua nisso*. Sob trauma ou rancor, o estímulo expressa-se agressivo: – *Não gosto de ninguém*, para colher algo idêntico: – *A recíproca é verdadeira*.

O ser consciente

Os estímulos são fontes de energia. Conforme dirigidos, brindam com resultados correspondentes.

O *ego* que sente necessidade de valorização, sem o contributo do *Self* em consonância, utiliza-se dos estímulos negativos e agressivos para compensar-se, sejam quais forem os resultados. O importante para o seu momento não é a qualidade da resposta estimuladora, mas a sua presença no proscênio onde se considera ausente.

Verdadeiramente, no inter-relacionamento social, quando todos se encontram, o *ego* isola suas vítimas para chamar a atenção ou bloqueia-as de tal forma que não ficam ausentes, porém tornam-se *invisíveis*. Encontram-se no lugar, todavia, não estão ali. Essa *invisibilidade* habilmente buscada compensa o conflito do *ego*, mantendo a autoflagelação de que não é notado, não possui valores atraentes. Tal mortificação neurótica introjeta as imagens infelizes e personagens míticas do sofrimento, que lhe compõem o quadro de desamparo emocional de desdita pessoal.

Nesse comportamento doentio do *ego*, a necessidade de valorização, porque não possui recursos relevantes para expor, se expressa na enganosa autocomiseração que lhe satisfaz as exigências perturbadoras, e relaxa, completando-se emocionalmente.

Quando o *Self* assoma e governa o ser, os estímulos são sempre positivos, mesmo que tenham origem negativa ou agressiva, porque exteriorizam o bem-estar que lhe é próprio.

Se alguém diz: – *Não gosto de você,* a mensagem transacional retorna elucidando: – *Eu, no entanto, o estimo.*

Se a proposta afirma: – *Detesto-o,* a comunicação redargui: – *Eu o admiro.*

Não se contamina nem se amargura, porque, em equilíbrio, possui *valor*, não tendo necessidade de valorização.

PADRÕES DE COMPORTAMENTO: MUDANÇAS

O comportamento desvela ao exterior a realidade íntima do ser humano. Nem sempre, porém, tal manifestação se reveste de autenticidade, pois que muitos fatores contribuem para mascarar-se o que se é, numa demonstração apenas do que se aparenta ser.

A Psicologia Transacional procura desvelar os enigmas do comportamento, utilizando-se da comunicação interpessoal para libertar o indivíduo de conflitos e pressões.

De acordo com a maturidade ou não do ser psicológico, a comunicação padece dificuldades que somente poderão ser sanadas quando existir um propósito firme para o êxito.

Há uma tendência natural para o disfarce do *ego*, quando prevalece um impulso dominante para a convivência, a experiência social, o diálogo.

A ausência de tais imperativos contribui para o desequilíbrio emocional e, por consequência, para os estados psicopatológicos que se multiplicam, avassaladores.

A comunicação desempenha, em todas as vidas, um papel relevante, quando visceral, emocional, livre, sem as pressões da desconfiança e da insegurança pessoal.

À medida que o ser se descerra em narrativa afetuosa ou amiga, o interlocutor, sentindo-se acompanhado, descobre-se. Enquanto coordena as ideias para o diálogo, autoanalisa-se, identifica-se, facilitando o próprio entendimento.

O ser consciente

Liberando-se das conversações feitas de interrogações-clichês desinteressantes, penetra-se e faculta ao outro a oportunidade de igualmente desvelar-se.

Quando se repartem informações no inter-relacionamento pessoal, compartem-se emoções.

Quando a conversação, no entanto, é trivial, os clichês sem sentido e costumeiros não dizem nada. Quando se indaga: – *Como vai?* A resposta é inevitável: – *Bem, obrigado!*

Mesmo porque, se o interrogado se resolvesse dizer como realmente vai, é bem provável que o interlocutor não tivesse nenhum interesse em ouvir-lhe a resposta mais complexa e profunda. Talvez a aceitasse de maneira *surda,* desinteressadamente, com enfado.

Na grande mole humana destacam-se os biótipos introvertidos e extrovertidos.

Os primeiros, na etapa inicial do desenvolvimento psicológico, assumem uma atitude tímida e fazem a introspecção. Passada a fase de autoanálise, torna-se-lhes indispensável a extroversão, o relacionamento, rompendo a cortina que os oculta e desvelando-se.

Os segundos, normalmente, escondem a sua realidade e conflitos erguendo uma névoa densa pela exteriorização que se permitem, inseguros e instáveis. Descobrindo-se honestamente, diminuem a loquacidade e, reflexionando, assumem um comportamento saudável, sem excesso de ruídos nem ausência deles.

Os padrões de comportamento estão estabelecidos através de parâmetros nem sempre fundamentados em valores reais. Aceitos como de conveniência, aqueles que foram considerados corretos, podem ser classificados como sociais, culturais, morais e religiosos... Em todos eles existem regras estatuídas pelo *ego*, para uma boa apresentação, que quer significar engodo, em detrimento do Eu profundo ao processo de constantes mudanças e crescimentos.

Nos comportamentos sociais estão estabelecidas as regras do bom-tom, para deixar e transmitir impressões agradáveis, compensadoras.

As pessoas submetem-se às pequenas ou grandes regras da etiqueta, do convívio social, sempre preocupadas em dissimular os sentimentos, de modo que produzam os resultados adrede esperados.

Convive-se com indivíduos em muitos encontros sociais, permanecendo, no entanto, todos desconhecidos entre si.

O comportamento cultural reúne as aquisições intelectuais, artísticas, desportivas, mediante as quais a exibição do *ego* gera constrangimentos perturbadores, às vezes despertando fenômenos competitivos e de presunção lamentável, em total desrespeito pelo Si, pela pessoa humana real.

As preocupações financeiras de promoção *egoica* comprazem o indivíduo pela exposição desnecessária do desperdício e da dissolução, provocando estados auto-obsessivos--compulsivos de ser-se o maior, o mais extravagante, o de mais larga renda...

Logo após, nos raros momentos de autoencontro, surgem-lhe as depressões, que são asfixiadas sob a ação dos alcoólicos, das drogas aditivas, da autoemulação exibicionista com que foge da realidade interna para lugar nenhum.

O comportamento moral está sujeito aos imperativos legais, estabelecidos conforme o imediatismo dos interesses de grupos e legisladores, às vezes desavisados, que pensam mais em seus prazeres do que no bem geral da comunidade que lhes paga para a servir...

O ser consciente

Elaborando leis, desincumbindo-se do que lhes é dever, muitos desses homens públicos, insensatos, dão a impressão de que estão realizando algo extraordinário, que os sacrifica, e não aquilo para o que são regiamente remunerados.

Apoiam-se, então, em comportamento moral-social de tendências egoísticas, sem qualquer consideração para com a vida.

Na área do comportamento religioso, inúmeras imposições castradoras contribuem para condutas falsas, sem qualquer consideração pelos fundamentos das doutrinas que se devem pautar pelos processos de libertação das consciências, e não de apavoramento, de pressão, de hipocrisia, de discriminação.

Jesus conclamou os Seus seguidores *à busca da Verdade que liberta,* em cujo comportamento se fundem o *ego* e o Eu, numa formulação de amor sem máscaras e sem conflitos.

Os padrões de comportamento normalmente se fixam em diretrizes que não atendem à realidade do ser, geralmente mutilado nas suas aspirações nobres de vida, nos relacionamentos dignos, confiantes, saudáveis...

A certeza da imortalidade da alma abre um elenco de comportamentos autenticados pela educação espiritual na busca do vir a ser, do transformar-se, do encontrar o *Outro,* como propunha Kierkegaard, o filósofo e teólogo existencialista...

O *Outro,* que facilita o diálogo, Deus, é a Fonte que se deve buscar para atingir a plenitude, a felicidade existencial.

MUDANÇAS

O ser humano prossegue em crescimento, em desenvolvimento contínuo, em mudanças.

É natural que, por efeito, o seu comportamento sofra alteração.

Toda a contextura celular renova-se incessantemente, e as experiências como as vivências contribuem para a mudança de padrões comportamentais, em inevitável processo de aprimoramento do ser, à medida que o *Self* se liberta das contenções impostas pelos *arquétipos,* defluentes das reencarnações pretéritas.

A estruturação psicológica da pessoa humana está, como decorrência, a exigir renovação e estudo de si mesma, a fim de crescer psiquicamente, na razão em que se lhe desenvolvem os equipamentos orgânicos, responsáveis pelo amadurecimento cultural e social, alargando-lhe a percepção moral e a religiosidade perante as exigências da Vida.

Assim, ninguém é igual a outrem, nem pode ser avaliado mediante as comparações da frágil aparência.

A conquista de si mesmo é o desafio constante para a autorrealização, a harmonia psicológica, o desenvolvimento das percepções parapsíquicas e mediúnicas.

6
CONDICIONAMENTOS

O Bem e o Mal • Paixão e libertação psicológica • Enfermidade e cura

O Bem e o Mal

Questão de alta complexidade para a criatura humana, o dualismo do Bem e do Mal encontra-se ínsito na sua psicologia interior, confundindo-a e perturbando-lhe, não raro, o discernimento.

Com características metafísicas, na sua formulação abstrata, essa dualidade concretiza-se nos atos do ser, gerando fenômenos relevantes de consciência, que contribuem para o equilíbrio ou a desordem psíquica, de acordo com as suas respectivas manifestações.

Em todos os períodos da cultura ancestral encontramos o esforço da Religião e do pensamento tentando estabelecer os paradigmas em que se apoiam um e outro, para melhor explicá-los.

Ontem, era uma abstração meramente filosófica ou religiosa, passando, mais tarde, a fazer parte da Ética, no capítulo da moral, avançando historicamente até interessar à Sociologia, ao comportamentalismo, à Psicologia.

O Código de Hamurabi, inscrito em uma estela de diorito, já definia as ações louváveis e as reprocháveis, simbolizando o Bem e o Mal, com as respectivas consequências legais no comportamento humano em relação à criatura em si mesma, à sociedade e ao seu próximo.

Entre medos e persas, o livro sagrado Zend-Avesta separava a mesma dualidade nas personificações de Ormuzd – ou representação do Bem – e Ariman – ou personificação do Mal –, em cuja luta o último seria submetido e por consequência eliminado.

A Bíblia, por sua vez, representa o Bem nas deidades angélicas e o Mal, nas demoníacas, ambas, no entanto, sob o controle de Deus, contra Quem se rebelara Lúcifer que, expulso do Paraíso, tornou-se-Lhe o adversário temerário...

A Metafísica tradicional, analisando a Criação, estabeleceu os dois princípios, do Bem e do Mal, que se vinculam ao conciliador, no vértice superior do simbólico triângulo isósceles.

Logo depois, a interpretação chinesa apresentou-os nas duas admiráveis forças cósmicas: o *Yang* – masculino, positivo, seco, bom, e o *Yin* – feminino, úmido, negativo, frio –, que se conciliam sob o comando da suprema perfeição ao confundirem-se, gerando a harmonia.

Inspirada no Hinduísmo, a Trilogia da Criação apresenta Brahma como plenipotente, o Princípio Supremo, e as duas forças antagônicas, Vishnu, o *Conservador,* ou princípio construtor e Shiva, o *Destruidor,* ou princípio aniquilador dos seres, em perene luta até a supremacia do Edificador...

Das concepções pretéritas à realidade presente, filosoficamente o Bem é tudo quanto fomenta a beleza, o ético, a vida, consoante a moral, e o Mal vem a ser aquilo que se opõe ao edificante, ao harmônico, ao Bem.

O ser consciente

Sociologicamente o Bem contribui para o progresso, e todas as realizações que promovem o ser, o grupo social e o ambiente expressam-lhe a grandeza, a ação concreta que resulta da capacidade seletiva de valores éticos para a harmonia e a felicidade.

Como efeito, o Mal decorre de todo e qualquer fenômeno que se opõe ou conspira contra esse contributo superior.

A Psicologia não poderia ficar indiferente a essa dualidade que existe no ser humano, remanescendo como as suas aspirações de crescimento e elevação, do nobre e equilibrado, do saudável e propiciador de paz.

Ao mesmo tempo, o atavismo dos *instintos agressivos* propele-o para a violência – quando deseja possuir, para o vilipêndio – quando se sente diminuído, para o grotesco e vulgar – quando derrapa no menosprezo de si mesmo...

Desenvolvendo, no entanto, a consciência que sai do torpor de *nível de sono sem sonhos,* imediatamente começa a perceber os valores que compensam e os que conflitam o comportamento psicológico, impulsionando-o, embora lentamente, para a adoção de conduta mental e física, idealista e comportamental do Bem, tornando-se instrumento útil no grupo social, que se promove e eleva-o a estágio superior, permitindo-lhe aspirar sempre a mais e melhor.

Esse discernimento, que resulta da consciência em libertação dos condicionamentos escravizadores, amplia a capacidade para identificar o Bem e o Mal, predispondo-o à eleição do primeiro em detrimento do outro.

Se, por acaso, incorre em equívocos de seleção e tomba nas malhas do Mal, mesmo que sob as circunstâncias perturbadoras do ódio, do medo, da angústia, da volúpia, da desordem interior, ao descobrir-se em falta, faz o quadro de *consciência de culpa* e sofre as patologias afligentes, que se lhe tornam mecanismos reparadores.

Afirma-se, porém, que a linha divisória entre o bem e o mal é tão fluida e oscilante que, não raro, o bem de hoje torna-se o mal de amanhã e vice-versa, numa dialética sofista, que se poderia considerar anárquica...

Certamente, muitos códigos e leis, de acordo com as conveniências de grupos e castas, de partidos e raças, de religiões e credos, por questões imediatistas, tentam tornar legais comportamentos que não são morais e, reciprocamente, justificando-se atitudes vulgares e tentando liberar-se comportamentos alienados, condutas extravagantes e arbitrárias.

O Decálogo mosaico, no entanto, sintetiza os códigos moral e legal, portanto, o que é bem e o que é mal, havendo facultado a Jesus afirmar, em grandiosa proposta, toda a complexidade desse fenômeno dual: – *Não fazer a outrem o que não deseja que ele lhe faça.*

Porque ainda injustos os homens, as leis que elaboram possuem os seus parcialismos, defecções, devendo ser respeitadas, sem que a algumas delas se atribuam reais valores morais, significativos e definidores do bem e do mal.

O Bem e o Mal estão inscritos na consciência humana, em a Natureza, na sua harmoniosa organização que deu origem à vida e a fomenta.

Tudo quanto contribui para a paz íntima da criatura humana, seu desenvolvimento intelecto-moral, é-lhe o Bem que deve cultivar e desenvolver, irradiando-o como bênção que provém de Deus.

(...) E esse Mal, aliás, transitório, temporal, que o propele às ações ignóbeis, aos sofrimentos, é remanescente atávico do seu processo de evolução, que será ultrapassado à

O ser consciente

medida que amadureça psicologicamente, e se lhe desenvolvam os padrões de sensibilidade e consciência para adquirir a integração no Cosmo, liberado das injunções dolorosas, inferiores.

Paixão e libertação psicológica

As tradições religiosas em torno da *Paixão de Jesus* teimam por revestir-se da notícia trágica, na qual a ação autopunitiva sobressai no comportamento do fiel.

Trabalhando-lhe a mente, a fim de gerar-lhe *consciência de culpa,* com as consequências do medo em relação à Justiça Divina, intentam a lavagem cerebral para produzir o *ódio pelo mundo,* ao tempo em que mantêm os lamentáveis processos de cilícios físicos entre os fanáticos, e mentais ou emocionais naqueles que são constituídos por estrutura psicológica frágil.

Inegavelmente, as ocorrências dolorosas que assinalaram a última semana de Jesus, em Jerusalém, entre as criaturas, foram caracterizadas por ocorrências infelizes, que ainda se repetem na sociedade, embora guardadas as naturais proporções.

Recordar-se da pusilanimidade humana, da fragilidade dos caracteres de Judas e de Pedro, faz-se necessário quando os objetivos são educativos, evocando-se, porém, o estoicismo das *mulheres piedosas,* de João, de José de Arimateia, que Lhe cedeu o sepulcro novo, de modo que a aprendizagem se faça plena, através da dicotomia existente no comportamento humano, buscando-se oferecer uma mensagem de confiança, de arrebatamento e de fé.

O ser humano é ainda muito fragmentário e dúbio, carecendo de amor e paciência, que são terapias excelentes para induzi-lo ao fortalecimento do caráter, da personalidade.

A constante condenação multimilenária deixou marcas profundas no *inconsciente coletivo,* de que ora se faz herdeiro natural, surgindo-lhe transformada em medo e desprezo por si mesmo, ou indiferença pessoal e desleixo no culto dos valores morais.

A lição viva que ressalta em Jesus desde a *entrada triunfal* e o julgamento arbitrário, sem qualquer defesa, propõe uma releitura do comportamento individual e coletivo dos seres, oferecendo a contribuição de resultados positivos nas reflexões mentais.

As crenças ortodoxas satisfazem-se com as imolações e as atitudes condenatórias que, tomadas em consideração, reconduziriam à ignorância, à treva medieval tormentosa.

As conquistas do momento, nas mais diversas áreas, particularmente da Psicologia, não mais facilitam atitudes alienadoras como essas, antes propõem a libertação dos conflitos, a fim de que a responsabilidade, que decorre da consciência lúcida, impulsione o indivíduo ao avanço, ao crescimento, à maturidade.

Toda ação impositiva-castradora ou liberativa-insensata trabalha em favor do desequilíbrio, da desintegração do homem.

Toda a vida de Jesus é um processo que facilita o crescimento e a dignidade do ser humano.

Seus conceitos, refertos de atualidade, prosseguem sendo uma linguagem dinâmica, desobsessiva, sem compulsão, abrindo elencos de alegria e facultando o desenvolvimento daqueles que os recebem.

O ser consciente

Cada passo da Sua vida leva-O a metas adredemente programadas. Sem rotina, mas, também, sem ansiedade, caracteriza-se pela vivência de cada momento, sem preocupação pelo *amanhã,* pois que, para Ele, a *cada dia bastam as suas próprias preocupações.*

A alegria é uma constante em Sua mensagem, apesar das advertências frequentes, das lutas abertas e de sempre *O verem chorar...*

A verdadeira alegria extrapola os sorrisos e se apresenta, não raro, como preocupação que não deprime nem fragiliza.

Torna-se uma constante busca de realizações contínuas, de vitória sobre as circunstâncias e os fenômenos que são naturais no processo da vida.

Sem paradigmas fixos, toda a Sua Doutrina se constitui de otimismo e plenitude.

Quando os Seus seguidores marchavam para o holocausto, o martírio, o testemunho, faziam-no motivados pelo amor, sem fugas psicológicas, sem transferências, em manifestações de fidelidade, joviais e exultantes, sem ressentimentos nem ódios pelos perseguidores, por ser uma opção livre de utilização da vida.

A dinâmica das palavras de Jesus logrou conduzir inumeráveis criaturas à realidade transcendente.

Libertador por excelência, a ninguém impôs fardo, asseverando que o Seu *é leve* e *suave* é a Sua forma de *julgar,* analisar e compreender.

Enquanto ressumem na consciência da Terra as condutas punitivas e as evocações deprimentes na área das religiões, o pensamento de Jesus permanecerá em sombras, conflitos, perturbações.

Joanna de Ângelis / Divaldo Franco

A conquista de consciências para as fileiras da harmonia somente é possível mediante o estabelecimento de diretrizes saudáveis, nas quais, mesmo a dor assumiria a sua realidade de fenômeno degenerativo inevitável, no entanto, possível de superada, resistida, diluída através das reflexões e da renovação de energia que preserva o equilíbrio da existência.

A imposição temerária decorre do sentimento de culpa dos religiosos, que a transferem para aqueles que se lhes submetem, passando a depender das suas injunções psicológicas mórbidas.

Sem a semana ultrajante, sem os conteúdos da ingratidão humana em extremo, não Lhe teríamos a morte estoica, eloquente, grandiosa, demonstrando a Sua consciência de imortalidade.

Após a sua ocorrência, todo um solene hino à vida foi apresentado através da Ressurreição, do retorno ao convívio com os amigos temerosos e com a Humanidade arrependida que Ele veio libertar, amando, paciente e alegre, por conhecer os limites e deficiências daqueles que marcham na retaguarda, no entanto fitam expectantes e avançam no rumo do futuro.

ENFERMIDADE E CURA

O fenômeno biológico do desgaste orgânico, das distonias emocionais e mentais da criatura humana, é perfeitamente natural como decorrência da fragilidade estrutural de que se constitui.

Equipamentos delicados que são, sofrem as influências externas e internas que contribuem para as suas alterações, e até

O ser consciente

mesmo a sua morte, mediante as incessantes transformações a que se encontram sujeitos.

Temperaturas que se alternam e ultrapassam os limites da sua resistência, condições outras atmosféricas e de insalubridade, colônias de bactérias e micro-organismos agressivos, quão destruidores, atacam-lhe as peças e quase sempre as vencem, estabelecendo distúrbios que se transformam em enfermidades variadas.

Por outro lado, choques emocionais, estados inabituais de depressão e ansiedade, pressões de qualquer ordem, especialmente as psicossociais e econômicas, as afetivas, arrastam-nos a desorganizações perturbadoras. Sequelas de várias doenças, muitas delas agridem esses mais intrincados conjuntos eletrônicos, produzindo perturbações funcionais e psíquicas, que tipificam desequilíbrios da mente e da emoção.

A própria constituição desses órgãos tem muito a ver com as origens genéticas e, posteriormente, com os fatores organizadores do lar, da família, do grupo social, contribuindo decisivamente para as manifestações de saúde ou de desconserto.

O ser, porém, em si mesmo trinitário – Espírito, perispírito e matéria – é o resultado de largo processo de educação e desenvolvimento, através das contínuas experiências reencarnatórias.

Em cada fase da vilegiatura, no corpo ou fora dele, o Espírito conquista bênçãos que incorpora ao patrimônio evolutivo, moldando os futuros corpos de acordo com tais aquisições, que são afetadas vibratoriamente pelas ondas de energia positiva ou negativa que emite sem cessar.

Como consequência, cada criatura é especial, com reações específicas e modelagem própria, embora semelhanças profundas em umas, quão discordantes em outras.

Esses logros da evolução refletem-se na constituição orgânica, na emocional e na psíquica, *selecionando* genes e valores que lhes facultem estabelecer os aparelhos correspondentes e necessários para o prosseguimento da evolução.

Assim organizam-se moralmente as estruturas expiatórias e provacionais, como recursos necessários para a aprendizagem e a fixação dos valores propiciatórios ao progresso.

As expiações normalmente talam o ser orgânico ou psíquico de maneira irreversível, como decorrência dos atos pretéritos de rebeldia: suicídio, homicídio, perversidade, luxúria, concupiscência, avareza, ódio e os seus sequazes.

As provações, por sua vez, são corretivos temporários que servem de advertência à insânia ou à comodidade, ao erro ou ao vício, facultando a reconquista da harmonia mediante esforço justo de recomposição interior, reintegrando o ser na ordem vigente do Universo.

Não nos referimos aqui aos quesitos das necessidades morais e sociais, detendo-nos, apenas, naqueles pertinentes à saúde e à doença.

Esses quadros das ações morais geram as reações correspondentes – *Lei de Causa e Efeito* –, propelindo a resgates idênticos aos danos e prejuízos produzidos.

Conhecidos esses efeitos como *carma*, também esse pode ser positivo e edificante conforme as realizações anteriores, que propiciem felicidade e paz.

Vulgarmente, porém, o conceito de *carma* passou a ser aceito como imperativo afligente e reparador, a que ninguém foge, por efeito das suas más ações. Entretanto, esse *carma*, quando provacional, tem a liberá-lo o livre-arbítrio daquele que o padece, como através do mesmo pode mais encarcerar-se, a depender do novo direcionamento que lhe ofereça.

O ser consciente

As realizações morais geram energias positivas que anulam aquelas negativas, que propiciam o sofrimento de qualquer natureza, ensejando estímulos para a superação das antigas conjunturas atormentantes.

Sujeito, por espontânea escolha, ao *carma* negativo, o ser expressa, além dos problemas na área da saúde, conflitos diversos na emoção, no comportamento, a surgirem como *complexo de culpa* (inconsciente), timidez, medo, ansiedade, insegurança... Ao mesmo tempo, autodesvalorização, ausência da autoestima, presença de outros complexos, como os de superioridade, de inferioridade, narcisismo, de Édipo, de Electra, e mais outros, gerando patologias graves que, não obstante, podem ser superadas mediante terapias especializadas e grande esforço pessoal.

No vasto quadro das enfermidades, a ausência do autoamor do paciente responde pela desarmonia que o aflige. Nem sempre essa manifestação é consciente, estando instalada nos seus refolhos como forma de desrespeito, desconfiança e mágoa por si mesmo, defluentes das ações infelizes pretéritas.

Quando uma doença se instala no organismo físico há uma fissura no conjunto vibratório que o mantém. A mente deve então ser acionada de imediato para corrigir tal distúrbio, de modo a propiciar-se a saúde.

Quase sempre, porém, os tóxicos da ira, da rebeldia e do ressentimento são introjetados no organismo, agravando mais a paisagem afetada.

Quase sempre inseguro, o ser considera que não merece o que lhe ocorre agora e teme pelo agravamento do mal, que se lhe transforma em problema afligente, ao qual acrescenta os *fantasmas* da dúvida, do aturdimento, do desamor cultivado sob muitos disfarces.

Joanna de Ângelis / Divaldo Franco

A amorterapia tem as suas diretrizes firmadas no ensinamento evangélico, proposto por Jesus, quando estabeleceu: – *Amar a Deus sobre todas as coisas e ao próximo como a si mesmo.*

(...) *Como a si mesmo* é um imperativo que não pode ser confundido com o egoísmo, ou o egocentrismo, mas com o respeito e direito à vida, à felicidade que o indivíduo tem e merece. Trata-se de um amor preservador da paz, do culto aos hábitos sadios e dos cuidados morais, espirituais, intelectuais para consigo mesmo, sem o que, a manifestação do amor ao próximo é transferência da sua *sombra*, da sua imagem (fracassada) que logo se transforma em decepção e amargura, ou a Deus, *a Quem não vê,* tudo d'Ele esperando, ainda como mecanismo de fuga da responsabilidade.

O autoamor induz à elevação dos sentimentos e à conquista de valores éticos que promovem o indivíduo e o iluminam interiormente. Nele estão os cuidados pelo corpo e sua preservação através dos recursos ao alcance, estimulando órgãos e células a um funcionamento harmônico, decorrente dos pensamentos autoestimulantes, autorrefazentes. Igualmente é necessário desenvolver o intelecto e a emoção para marcharem juntos como asas para largo voo, ensejando-se conhecimento e atividade fraternal beneficente, que faz bem primeiro àquele que a pratica, auxiliando depois quem dela necessita.

Não é um referencial ao gozo pessoal nem às autossatisfações dos sentidos, mas um notável recurso de equilíbrio íntimo com vistas à iluminação pessoal.

Esse amor terapêutico auxilia os campos vibratórios afetados pelas doenças, restaurando-lhes as deficiências e recompondo a harmonia do todo.

O ser consciente

Com efeito, não evita que se adoeça ou que se morra, o que, se ocorresse, agrediria a Lei da Vida que estabelece: *tudo quanto nasce, morre,* no que se refere ao fenômeno biológico terminal da matéria, em incessantes transformações.

Nessa visão do autoamor, a enfermidade e a morte não constituem fracasso do ser, antes o caminho para a Vida. O conceito de realidade então se altera, passando a constituir--se uma plenitude que se alcança no corpo e fora dele, com naturais *acidentes de percurso.* A saúde não é mais uma compulsória para a existência corporal, senão um estado sujeito a múltiplas alterações que decorrem das variantes comportamentais do ser integral e que somente será lograda plenamente após o despir dos andrajos físicos, desde que estes são temporais, impermanentes. Não obstante, o autoamor enseja o desfrutar de bem-estar, de equilíbrio, de funções e órgãos saudáveis, cooperando para a estabilidade emocional.

Tem-se asseverado que a tensão nervosa é um dos tiranos destruidores do corpo e dos seus equipamentos, no entanto, a forma como é enfrentada, tem muito mais a ver com os seus prejuízos.

Na amorterapia a tensão cede lugar à confiança e amortece-se em face da entrega do ser a Deus, relaxando os *focos* de desespero e ansiedade, os *compressores* dos nervos, geradores de tensão.

No autoamor, a confiança irrestrita na realidade, da qual ninguém foge, faculta o equilíbrio propiciador da saúde. Esse sentimento produz otimismo, que é fator preponderante para o restabelecimento do campo de energia afetado pelo transtorno, já que favorece com uma mudança de comportamento mental, portanto, agindo no fulcro gerador das vibrações.

Quando se vive de forma diversa à que se exterioriza, isto é, quando se fala e aparenta algo que se não faz, há uma tendência a se contrair algum tipo de enfermidade, porque a saúde não suporta essa duplicidade, que é geradora de infortúnio.

Há um inter-relacionamento entre mente e corpo mais sério do que parece. Desse modo, o autoamor estimula à veracidade dos atos e das palavras, sustentando a saúde ou corrigindo a doença.

Os tecidos orgânicos interagem por intermédio de substâncias químicas que se movimentam na corrente sanguínea e pelos hormônios do aparelho endócrino. A hipófise é-lhes a responsável, que recebe os estímulos mediante impulsos nervosos do hipotálamo, que regula a maior parte dos fenômenos e automatismos fisiológicos. Todo esse mecanismo ocorre através de fibras nervosas, procedentes do cérebro, que as comanda sob as ordens da mente, consciente ou inconscientemente. Por isso, a indução do autoamor promove vibrações harmônicas que terminam por manter, organizar ou reparar o organismo, propiciando-lhe saúde, quando enfermo.

Psicologicamente o autoamor é, sobretudo, autoencontro, conquista de consciência de si mesmo, maturidade, equilíbrio.

7

A CONQUISTA DO SELF

MECANISMOS DE FUGA DO EGO: COMPENSAÇÃO,
DESLOCAMENTO, PROJEÇÃO, INTROJEÇÃO, RACIONALIZAÇÃO •
MEDO E MORTE • REFERENCIAIS PARA A IDENTIFICAÇÃO DO SI

A CONQUISTA DO SELF

Todos necessitamos de viajar para dentro, a fim de nos descobrirmos, desidentificando-nos daquilo que nos oculta aos outros e a nós próprios.

Retraídos, em atitude defensiva, por falso apoio de raciocínios incompletos, preferimos não permitir que pessoa alguma volte a magoar-nos, como outras já o fizeram no passado.

Colecionamos, desse modo, ressentimentos e temores que nos levam a um comportamento de autopiedade, marchando para um estado patológico de autodestruição.

Um enfrentamento consciente com nossas *mágoas* irá demonstrar-nos que elas não são verdadeiras, nem têm sentido, sendo fruto da imaturidade e da presunção do que se atribui merecimentos que não tem.

Normalmente, o que consideramos desrespeito dos outros em relação a nós, resulta de nossa óptica equivocada ao observar os fatos, de precipitação ou mesmo de certo grau de paranoia.

Constituído por estímulos, o nosso relacionamento é malsucedido, porque não sabemos produzir o *encontro,* quando nos acercamos de alguém.

Evitando *abrir-nos* à relação, permanecemos suspeitosos e a nossa estimulação é negativa, provocando uma *resposta* de rejeição.

Em processo de mudanças constantes, as pessoas são imprevisíveis, o que é muito bom, pois que esse fenômeno proporciona novos descobrimentos e correções de conceitos.

Quando nos apresentamos a alguém com sinceridade, esse alguém se nos desvela com fidelidade. Um estímulo revigorante e dignificador provoca uma correspondência equivalente.

Ao nos darmos a alguém, conhecido ou não, ofertamos uma parte, algo valioso de nós.

Se a outra pessoa não souber responder, não há problema para nós, porque verdadeiramente somos o que expressamos, de que não podemos nos arrepender, nem nos devemos sentir magoados.

Aceitar o mau humor alheio é sintonizar com ele, permitir que nos digam e imponham como devemos agir e nos comportar.

A nossa contribuição à sociedade é preservar-lhe a saúde na forma do inter-relacionamento pessoal, educando os rudes e medicando os *enfermos,* os antissociais.

A mágoa é consequência da imaturidade psicológica, e a atitude retraída, desconfiada, resulta de predominância da nossa *natureza animal sobre a natureza espiritual.*

A conquista do *Self* com todos os seus atributos e possibilidades constitui a meta primordial da existência terrena, em cuja busca devemos investir todo o potencial humano, emocional, moral, intelectual.

Considerando-nos em constante processo de crescimento, que decorre das experiências vividas e dos conheci-

O *ser consciente*

mentos hauridos, a nossa busca do ser espiritual que somos torna-se-nos imprescindível.

A vigilância em torno das armadilhas do *ego*, hábil disfarçador de propósitos, constitui-nos um motivo para superá-lo, a fim de fruirmos felicidade real.

Nesse sentido, a desidentificação dos apegos e paixões surge como passo decisivo no programa de libertação. Para o desiderato, o *amor-próprio* deve ser revisto, a fim de ser substituído pelo autoamor profundo, sem resquícios egoísticos geradores do personalismo doentio que nos leva a conflitos perfeitamente evitáveis.

A reencarnação tem como objetivo a autoconquista, que propicia a realização *intelecto-moral* recomendada por Allan Kardec como indispensável à sabedoria, que sintetiza a aquisição do conhecimento com o amor.

Quando essa meta não é alcançada, reencarna-se o ser e desencarna para retornar, em verdadeira roda de *samsara,* até quando as leis estabelecem expiações lenificadoras que interrompem o círculo vicioso, para fomentar o progresso.

Surge o imperativo da dor em lugar do amor, expressão inevitável para o progresso constante dos Estatutos Divinos.

Mecanismos de fuga do ego

Habituado ao não enfrentamento com o *Self,* o *ego* camufla a sua resistência à aceitação da realidade profunda, elaborando mecanismos escapistas, de forma a preservar o seu domínio na pessoa.

Desse modo, podemos enumerar alguns desses instrumentos do *ego*, para ocultar-lhe a realidade, facultando-lhe a fuga do enfrentamento com o Eu profundo, tais como: *compensação, deslocamento, projeção, introjeção, racionalização.*

COMPENSAÇÃO

Foi o admirável pai da *Psicanálise Analítica,* Alfred Adler, quem, percebendo que um órgão deficitário é substituído pelo seu par – um pulmão enfermo ou um rim doente –, estabeleceu que ocorre uma compensação correspondente na área psicológica.

Grandes ases da cultura física tornaram-se atletas, porque buscaram compensar a fragilidade orgânica, ou algum limite, entregando-se a extenuantes exercícios que lhes facultaram alcançar as metas estabelecidas. O mesmo ocorre nas artes, na Ciência, com muitos dos seus paladinos.

Essa compensação se enraíza nos fulcros de algum conflito, nos leva a exagerar determinada tendência como fenômeno inconsciente que nos demonstra o contrário.

O excesso de devotamento a uma causa ou ideia é a compensação ao medo inconsciente de sustentá-lo.

O fanatismo resulta da insegurança interior, não consciente, pela legitimidade daquilo em que se pensa acreditar, desse modo compensando-se.

Há sempre um exagero, um superdesenvolvimento compensador, quando, de forma inconsciente se estabelece um conflito, por adoção de uma crença em algo sem convicção.

O excesso de pudor, a exigência de pureza, provavelmente são compensações por exorbitantes desejos sexuais reprimidos e anelos de gozos promíscuos, vigentes no ser profundo.

O ser consciente

Sem dúvida, não se aplica à generalidade das pessoas corretas e pudicas, mas àquelas que se caracterizam pelo excesso, pela ênfase predominante que dão a essas manifestações naturais.

Na compensação ocorre a *formação de reação,* que responde pela necessidade de um efeito psicológico contrário.

Desse modo, as atitudes exageradas em qualquer área camuflam desejos inconscientes opostos.

Nessa compensação psicológica, o *ego* exacerbado está sempre correto e, sem piedade pela fragilidade humana, exprime-se dominador, superior aos demais, que não raro persegue com inclemência.

Na distorcida visão *egoica,* a sua é sempre a postura certa, por isso exagera para sentir-se aliviado da tensão decorrente da incoerência entre o *ego* presunçoso e o Eu debilitado.

A *compensação substituta* – uma deficiência orgânica propele o indivíduo a destacar-se noutra área da saúde, sobrepondo a conquista de realce ao fator de limite – também se transfere para o campo emocional, e o conflito de ordem psicológica cede lugar ao desenvolvimento de outra faculdade ou expressão que se pode destacar, *anulando,* ou melhor dizendo, escamoteando o ocasional fenômeno perturbador.

Graças à *compensação substituta* o *ego* se plenifica, embora tentando ignorar o desequilíbrio que fica sob compressão, reprimido. Todavia, todo conflito não liberado retorna e, se recalcado, termina por aflorar com força, gerando distúrbios mais graves.

A compensação *egoica* é, sem dúvida, um engodo que deve ser elucidado e vencido.

Cada criatura é o que consegue e, como tal, cumpre apresentar-se, aceitar-se, ser aceito, trabalhando pelo crescimento interior mediante catarse, consciente dos conflitos degenerativos.

Todo esse mecanismo de evasão da realidade e mascaramento do *ego* torna a pessoa inautêntica, artificial, desagradável pelo irradiar de energias repelentes que causam mal-estar nas demais.

DESLOCAMENTO

A consciência exerce sobre a pessoa um critério de censura, em face do discernimento em torno do que conhece e experiencia, sabendo como e quando se pode fazer algo, de maneira que evite culpa. Nesse discernimento lúcido, quando surge um impulso que a censura da consciência *proíbe* apresentar-se sem reservas, o *ego* produz um deslocamento.

Freud havia identificado essa capacidade de censura da consciência, que situou como *superego*.

Quando se experimenta um sentimento de revolta ou de animosidade contra alguém ou alguma coisa, mas que as circunstâncias não permitem expressar, o *ego* desloca-o para reações de violência contra objetos que são quebrados ou outras pessoas não envolvidas na problemática.

Na antiga arena romana ou nos atuais ringues de boxe se traduzem esses sentimentos recalcados, contra a vítima momentânea, deslocando a fúria oculta, que se mantém contra outrem, nesse *ser desamparado*.

Subconscientemente, a pessoa que apoia o dominador e pede-lhe para extinguir o contendor, mantém hostilidade que reprime, impossibilitada pelas convenções sociais ou circunstanciais de exteriorizá-la.

O ser consciente

A hostilidade da criatura leva-a a reagir sempre através de motivos reais ou imaginários. Um olhar, uma palavra malposta, uma expressão destituída de mais profundo significado, são suficientes para provocar um deslocamento, uma atitude agressiva.

Em face dessa postura, há uma tendência para camuflar os significados perturbadores da vida. Ao reprimi-los, adota-se um comportamento agradável para o *ego*. Esse mecanismo é de fácil identificação, pois que o *ego* procura uma vivência de qualquer acontecimento sem sentido, para ocultar um grave problema que não deseja enfrentar conscientemente.

Essa reação pode decorrer, também, de um ambiente hostil no lar, onde a pessoa se acostumou a *deslocar* os sentimentos que cultivou, na convivência doméstica, e não deseja reconhecer como de natureza agressiva.

Somente uma atitude de autorreflexão consegue despertar o indivíduo para a aceitação consciente do seu *Self*, sem disfarce do *ego*, não deslocando reações para outrem e lutando contra as perturbações psicológicas.

PROJEÇÃO

A repressão inconsciente dos conflitos da personalidade leva o *ego* a projetá-los nos outros indivíduos, nas circunstâncias e lugares, evadindo-se à aceitação dos erros e da responsabilidade por eles.

Se tropeça em uma pedra na rua, a *culpa* é da administração pública municipal; se choca com outrem, a *culpa* é dele...

A projeção alcança reações surpreendentes.

Um jovem esbarrou noutro na rua e reagiu, interrogando: – Você é cego? Ao que o interlocutor respondeu: – Sim, sou cego.

Atropelara o invidente e se permitia o luxo de fazer-se vítima.

Há uma natural e mórbida tendência no ser humano de ignorar certas deficiências pessoais para projetá-las nos outros.

Toda vez que alguém combate com exagerada veemência determinados traços do caráter de alguém, projeta-se nele, transferindo do Eu, que o *ego* não deseja reconhecer como deficiente, a qualidade negativa que lhe é peculiar. Torna a sua *vítima* o espelho no qual se reflete inconscientemente.

Há uma necessidade de combater nos outros o que é desagradável em si.

Pessoas existem que se dizem perturbadas pelas demais, perseguidas onde se encontram, desgostadas em toda parte, revelando caráter e comportamento paranoicos, assim projetando a animosidade que mantêm por si próprias nos outros indivíduos, sob a alegação de que não os estimam, e tentam interditar-lhes o passo, o avanço.

A projeção é facilmente identificável e pode ser combatida mediante honesta aceitação de si mesmo, de como se é, trabalhando-se para tornar-se melhor.

INTROJEÇÃO

Outro mecanismo de disfarce do *ego* é a introjeção, que se caracteriza como a *conscientização* de que as qualidades das pessoas lhe pertencem. Os valores relevantes que são observados noutrem são traços do próprio caráter, constituindo uma armadilha-defesa do *ego*.

O ser consciente

A pessoa introjeta-se na vida dos *heróis* aos quais ama e com quem se identifica, *aceitando* ser parecida com eles. Assume-lhes a forma, os hábitos, os traquejos e trejeitos, o modo de falar e de comportar-se...

Pode acontecer também que se adote o comportamento infeliz de personagens dos dramas do cotidiano, das películas cinematográficas, das telenovelas, das tragédias narradas pelos periódicos.

Na atualidade, ao lado dos inúmeros vícios sociais e dependências dos alcoólicos, tabaco e drogas outras, há, também, a dependência das telenovelas, mediante as quais as personagens, especialmente as infelizes, são introjetadas nos telespectadores angustiados.

Essa morbidez deve ser liberada e o indivíduo tem a necessidade, que lhe cumpre atender, de assumir a realidade interior, identificando-se numa harmoniosa combinação entre o *Self* e o *ego*, mantendo o equilíbrio emocional através do exercício de autodescobrimento, eliminando as ilusões, os romances imaginários, pois que tais mecanismos de fuga, não obstante o momentâneo prazer que dispensam, terminam por alienar o ser.

RACIONALIZAÇÃO

A racionalização é o mecanismo de fuga de maior gravidade do *ego*, por buscar justificar o erro mediante aparentes motivos justos, que degeneram o senso crítico, de integridade moral, assumindo posturas equivocadas e perniciosas. Sempre há uma razão para creditarem-se favoravelmente os atos, mesmo os mais irrefletidos e graves, através das razões apresentadas, que não são legítimas. Essa dicotomia – o que se justifica e o que se é – torna-se um mecanismo perturbador, por negar-se o real a favor do que se imagina.

As razões legítimas dos hábitos e condutas são mascaradas por alegações falsas. Por não admitir o que se prefere fazer ou ser, e se tem em conta de que é errado, assume-se a máscara *egoica* da racionalização.

Essa falta de honestidade, como expressão falsa do Eu, torna-se um desequilíbrio psicológico, que termina em perda de sentido existencial.

Ninguém pode mudar um mal em bem, apenas porque se recusa a aceitar conscientemente esse mal, que lhe cumpre trabalhar para melhor, em vez de ignorá-lo ou justificá-lo com a racionalização.

A tendência humana da escolha é sempre direcionada para o bem. Assim, há uma repulsa natural pelo mal, de que a *racionalização* tenta alterar a contextura, a fim de apaziguar a consciência, gerando a perturbação psicológica.

Essa luta, que se trava entre o intelecto e a razão, busca justificativa para tornar o mal em um bem, que é irreal. Desse modo, quando a pessoa age erradamente e a razão lhe reprocha, o intelecto busca uma *alegação justa* para reprimir o bem e prosseguir na ação.

A execução supera a razão e a mente justifica o mal, *do qual surgirá um bem, para si ou para outrem,* como racionaliza o *ego* em desequilíbrio.

Somente uma vontade severa e nobre, exercendo sua força sobre os mecanismos de evasão, para preservar o equilíbrio entre a razão e o intelecto com a emoção do bem e do justo, propondo o ajustamento psicológico do ser.

Fora disso, tais mecanismos de camuflagem da realidade conduzem à alienação, ao sofrimento.

O ser consciente

MEDO E MORTE

Os mecanismos de evasão do *ego* mascaram a realidade do *Self*, normalmente receoso de emergir e predominar, o que é a sua fatalidade.

Fatores ponderáveis, porém, respondem pelos estados fóbicos do ser, desde os distúrbios gerados pelo quimismo cerebral, responsáveis por desarmonias variadas, até os fenômenos de natureza psicológica, decorrentes dos conflitos vivenciados pela mãe gestante, reacionária à concepção, tensa ante a responsabilidade, amargurada pelas incertezas, e os insucessos de parto, predominando os choques pós-natais quando o ser é retirado do aconchego intrauterino, onde se sente seguro, e colocado num *meio hostil* no qual tudo parece ameaçar-lhe a frágil existência.

Podem-se assinalar ainda outros fatores, quais os de natureza psicogênica, como de caráter preponderante na formação patológica dos comportamentos fóbicos.

A educação no lar, a *mãe dominadora* e o *pai negligente,* ou reciprocamente, não raro esmagam a personalidade do educando durante o trânsito infantil.

São inumeráveis os fatores preponderantes como predisponentes nas psicopatologias do medo, responsáveis por estados lamentáveis na criatura humana.

Insinua-se o medo de forma *sutil,* aparentemente lógica, tomando conta das paisagens da psique, como insegurança tormentosa povoada de pesadelos hórridos, que levam a alucinações e impulsos incontroláveis de fuga, até mediante o concurso da morte.

Com o tempo, alternam-se as condutas no paciente: apatia mórbida ou pavor contínuo, ambas de gravidade indiscutível.

Na psicogênese, porém, dos estados fóbicos em geral, não se pode descartar a anterioridade existencial do ser, em Espírito, peregrino que é de inumeráveis reencarnações, cuja história traz escrita nas tecelagens intrincadas da própria estrutura espiritual.

Comportamentos irregulares, atividades lesadoras, ações perversas ocultas que não foram desveladas, inscrevem-se na consciência profunda como necessidade de reparação, que ressurgem desde a nova concepção, quando ocorrem os fatores que os despertam, permitindo-lhes a imersão do inconsciente, e passam a trabalhar o ser real, levando-o da insegurança inicial ao medo perturbador.

A reencarnação é método para o Espírito aprender, agir, educar-se, recuperando-se quando erra, reparando quando se compromete negativamente.

Inevitável a sua ocorrência, ela funciona por automatismo da Vida, impondo as cargas de uma experiência na seguinte, em mecanismo natural de evolução.

Inscritos os códigos de Justiça na consciência individual, representando a Consciência Cósmica, ninguém se lhe exime aos imperativos, por ser fenômeno automático e imediato.

A cada ação resulta uma reação semelhante, portadora da mesma intensidade vibratória. Quando recalcado o efeito, ele assoma predominante, propiciando os estados de libertação ou sofrimento, conforme seja constituído o seu campo de energia.

O ser consciente

O autodescobrimento é a terapia salutar para que sejam identificadas as causas geradoras e, ao mesmo tempo, a conscientização de quais recursos se podem utilizar para a liberação.

Conhecendo o fator responsável pelo medo, antepor-se-lhe-á a confiança nas causas positivas, que resultarão em futuros equilíbrios de fácil aquisição.

Ao lado das terapias acadêmicas, conforme a etiopatogenia do medo em cada criatura, a renovação pessoal pelo otimismo, a autoestima, o hábito das ideações elevadas, da oração, da meditação, constituem eficientes recursos curativos para o autoencontro, a paz interior.

O medo é inimigo mórbido, que deve ser enfrentado com naturalidade através do exercício da razão e da lógica.

Entre as várias expressões de medo, ressalta o da morte, herança atávica dos arquétipos ancestrais, das religiões castradoras e temerárias, dos cultos bárbaros, das conjunturas do desconhecido, das imagens mitológicas que desenharam no tecido social as impressões do temor, das punições eternas para as consciências culpadas, dos horrores inomináveis que o ser humano não tem condições de digerir...

O pavor da morte, às vezes patológico, afigura-se tão grave, que a criatura se mata a fim de não *aguardar* a morte...

Compreensivelmente, desde o momento da concepção manifesta-se o fenômeno da transformação celular ou morte biológica. Nesse processo de transformações incessantes, chega o momento da parada final dos equipamentos biológicos, e tal ocorrência é perfeitamente natural, não podendo responder pelos medos e pavores que têm sido cultivados.

Não é a primeira vez que ocorre a morte do corpo, na vilegiatura da evolução dos seres. O esquecimento do fenômeno, de maneira alguma pode ser considerado como desconhecido pelo Espírito, que já o vivenciou antes.

Um aprofundamento mental demonstra que a morte não dói, não apavora, mas o estado psicológico de cada um, em relação à mesma, transfere as impressões íntimas para o exterior, dando curso às manifestações aparvalhantes.

A Psicologia Transpessoal, lidando com o ser psíquico, o ser espiritual, sabe-o em processo de evolução, entrando no corpo – reencarnação – e dele saindo – desencarnação –, da mesma forma que o corpo se utiliza de roupas, que lhe são necessárias e dispensáveis, conforme as ocasiões.

O simples hábito de dormir, quando se mergulha na inconsciência relativa, é uma experiência de morte que deve servir de padrão comparativo para o fim do processo biológico.

Conforme o Eu profundo considere a morte, povoando-a de incertezas, gênios do Mal, regiões punitivas ou aniquilamento, dessa forma a enfrentará. O oposto igualmente se dá. Vestindo a morte de esperança de reencontros felizes, de aspirações enobrecidas, de agradável despertar, ocorrerá o *milagre* da vida.

O medo da morte decorre da ignorância da realidade espiritual e do apego ao transitório físico.

Freud afirmava *que o instinto da morte é superior ao de conservação da vida,* o que é perfeitamente natural, tendo-se em vista que o corpo é fenômeno, e este passa, permanecendo a causa, que é a energia, a vida em si mesma.

A psicoterapia preventiva, como curadora para o medo da morte, propõe uma conduta harmônica com os níveis superiores de consciência desperta, lúcida, avançando

O ser consciente

para a transcendência do Eu, até culminar na identificação com a Cósmica.

Pensar e agir bem.

Amar e amar-se.

Servir, como forma de ser feliz.

Vincular-se à Fonte da Vida Perene, Causal e Terminal.

Meditar, beneficiando-se com o autodescobrimento e tornando-se um agente de esperança e de paz, eis como viver sem morrer e morrer para perpetuar a vida.

REFERENCIAIS PARA A IDENTIFICAÇÃO DO SI

Inevitavelmente, as pessoas necessitam de experienciar algumas dessas escamoteações do *ego,* seus *jogos,* por falta de estrutura psicológica para suportar a realidade, a verdade.

O mecanismo de fuga pode constituir uma *necessidade de reprimir* algo para cuja manifestação o ser não se sente preparado.

É sempre um risco intentar-se, de inopino, empurrar o indivíduo para o encontro claro e imediato com o Si, em face da sua ausência de valores íntimos para reconhecer-se frágil – sem deprimir-se, necessitado – sem insegurança em relação ao futuro, aturdido – sem esperança...

O ser psicológico é, estruturalmente, a soma das suas emoções e conquistas, que caracterizam a individualidade pessoal no processo de evolução.

A libertação, portanto, dos complexos artifícios de fuga, dar-se-á mediante terapias adequadas, que facultarão o amadurecimento psicológico para a autoestima e o enfrentamento da realidade suportável.

Qualquer tentativa de esgrimir a verdade – afinal, a verdade de cada qual – pode resultar em conflito mais grave. A queda da *máscara* desnuda o indivíduo e nem sempre ele deseja ser visto como é – mesmo porque se ignora –, podendo sofrer um choque com o descobrimento prematuro ou alienar-se, por saber-se identificado de forma inadequada, desagradável.

A verdade é absorvida, a pouco e pouco, através da identificação dos valores reais em detrimento dos aparentes, do descobrimento do significado da existência e da sua finalidade.

Os convites existenciais que propelem para o exterior, para a aparência, modelam a personalidade, impondo inúmeros *mecanismos de sobrevivência do ego,* aos quais o indivíduo se aferra, permanecendo ignorante quanto à sua realidade e aos relevantes objetivos da vida.

As ilusões, desse modo, são comensais da criatura, que se apresenta conforme gostaria de ser e não de acordo com o Si, o Eu profundo, o que é. Extirpá-las é condenar o outro ao *desamparo,* retirar-lhe as *bengalas psicológicas* de apoio.

Isto não significa *apoio* aos comportamentos falsos, às personalidades estereotipadas, antes é respeito ao direito de cada um viver como pode, e não consoante gostaria de ser.

Imprescindível que se seja leal, honesto para consigo mesmo, desvelando-se e trabalhando-se interiormente.

A experiência de identificação do Si é um passo avançado no processo de autodescobrimento, de autoamadurecimento.

Essa busca interior se expressa como uma forma de insatisfação em relação ao já conseguido: os valores possuídos não preenchem mais os espaços interiores, deixando

O ser consciente

vazios emocionais; uma necessidade de aprimoramento psicológico, superando os formalismos, os modismos, o estatuído circunstancial, nos quais a forma é mais importante do que o conteúdo, o exterior é mais relevante que o interior; uma consciência lúcida, que desperta para os patamares superiores da existência física; uma incontida aspiração pelas conquistas metafísicas, em face da vigência permanente do fenômeno da morte em ameaça contínua, pois que a transitoriedade da experiência física se apresenta de exíguo tempo, facultando frustração; uma imperiosa busca de paz desvestida de adornos e de condicionais; e um amplo anseio de plenitude.

Com estes referenciais há uma inevitável autopenetração psicológica, uma busca do Si, do autodescobrimento, a fim de bem discernir o que se anseia e para que, o que se possui e qual a sua aplicação, a análise do futuro e como se apresentará.

A emersão do Si, predominando no indivíduo, é característica de cristificação, de libertação do *Deus interno*, de plenitude.

Quando começa, uma transformação psicológica se opera automaticamente, a escala de valores se altera e o comportamento muda de expressão.

A saúde emocional e mental se estabelece, ensejando uma visão correta em torno dos *acidentes orgânicos,* que não mais desequilibram, e o fenômeno morte se torna perfeitamente natural, sem fantasmas apavorantes ou anelos de antecipação.

Ocorre uma plena harmonia entre o viver – existência física – e a Vida – realidade total.

O *Self,* em razão do processo reencarnatório, fica imerso na névoa carnal, adormecido pelos tóxicos e vapores da indumentária física sob a pressão das experiências humanas, dos relacionamentos sociais, nos quais a astúcia e não a sabedoria, a simulação e não a honestidade, a falácia e não o silêncio, promovem o indivíduo, granjeiam lugar de destaque na comunidade. Essa conduta irregular, tal critério, são impeditivos para a liberação do Si.

Campeiam as psicopatologias como efeito da atitude do *ego* em relação ao Eu, estando a exigir maior conhecimento das necessidades legítimas.

A conquista do *Self* é processo que se deve começar imediatamente, recorrendo-se às terapias próprias e, simultaneamente, aos recursos da oração, da meditação, das ações edificantes.

Cada logro enseja a ambição de alcançar novo patamar, que se torna um desafio atraente, estimulador.

Ninguém, pois, pode deter-se nos níveis inferiores de consciência, relegando a plano secundário o Si, a realidade ambicionada.

8

SILÊNCIO INTERIOR

DESIDENTIFICAÇÃO · LIBERTAÇÃO DOS CONTEÚDOS
NEGATIVOS · O ESSENCIAL

A grande problemática-desafio da criatura humana é a aquisição da paz.

Empenhando-se na sua conquista, raramente busca e segue os caminhos ideais, capazes de conduzir à sua meta.

Vivendo uma época de conturbação nas diversas áreas, tumultua-se com facilidade, mesmo quando pensa encontrar-se no rumo certo.

Atavicamente amante do *ego*, apega-se aos valores externos, e esse comportamento se torna responsável pelos seus contínuos insucessos.

Desequipada dos instrumentos interiores que a harmonizariam em relação ao próximo e ao Cosmo, exaspera-se com frequência e desanima diante dos primeiros impedimentos que considera intransponíveis.

Adaptada às conquistas exteriores de fácil logro, abandona os propósitos iniciais de encontrar a paz, deixando a postura de não violência para unir-se aos beligerantes, embora disfarçando a agressividade.

A Terra tem vivido sempre em guerra, e as nações apenas repousam no interregno dos conflitos, saindo de um para outro, sem encontrar o caminho para a preservação da tranquilidade geral.

A essas guerras violentas sucedem os armistícios – que são pequenos períodos de repouso, nos quais os litigantes recuperam as forças para novas lutas –, sempre eclodindo focos de destruição decorrentes de motivos injustificáveis e de razões nenhumas, como se os houvesse legítimos para a hediondez das batalhas sangrentas.

Tal sucede porque os indivíduos não têm paz íntima.

Desde que não são capazes de se tolerarem reciprocamente em pequenos grupos, não se encontram em condições de respeitar os tratados, por eles mesmos firmados, os quais apenas escondem-lhes a brutalidade que passa a ter característica de civilização e cultura.

Como decorrência, a paz mundial ainda é uma utopia, em razão da falta de inteireza moral e pacificadora da própria criatura.

Esse fenômeno resulta dos seus apegos *egoicos,* das suas fantasias douradas, das suas paixões e da sua volúpia pela dominação dos outros.

Apegos morais, emocionais, culturais, pessoais, a objetos, a raças, a grupos sociais, são as fugas do *ego* arbitrário, ambicioso e louco, responsável pelas disputas lamentáveis que, deterioradas, são os germes das guerras.

Esse estado psicológico, de transferência e projeção da *sombra* da personalidade imatura, é fruto da balbúrdia, dos interesses mesquinhos e múltiplos aos quais se aferra, desajustando-se diante da ordem, da Natureza e da vida.

É indispensável uma revisão do comportamento humano, de um estudo profundo a respeito do silêncio íntimo, assim como da harmonia interior.

O ser consciente

A única maneira de lográ-lo é viajar para dentro de si, domando a mente irrequieta – que os orientais chamam *o macaco louco que salta de galho em galho* –, induzindo-a à reflexão, ao autodescobrimento.

Há quem tema a quietude, porquanto, ao dar-se esta, ocorre a libertação do *ego* e o ser se ilumina.

Todos somos escravos da mente.

O Universo existe em razão daquele que o observa, da mente que o analisa, da percepção com que o abarca.

Aquele cuja mente não dispõe de tirocínio e lucidez, não se dá conta da realidade, que para ele tem outros conteúdos e significados.

Em face de tal conduta, fala e produz ruído. É nobre e útil quando se comunica e, no entanto, torna-se grandioso se consegue viver em silêncio mental.

Os conteúdos psíquicos em relação ao *ego*, quando captados por este, constituem a consciência lúcida, e o silêncio torna-se de grande importância para essa conquista.

O silêncio interior é feito de paz e completude, quando o ser compreende o significado da sua vida e a gravidade da sua conduta em relação aos demais membros que formam o Cosmo.

A Ciência hoje se une à Religião – trata-se de uma perfeita identificação do *ego* e do Eu, do Logos e de Eros –, vinculando-se uma à outra, passando a contribuir para a felicidade humana sem enfrentamentos, qual ocorreu outrora através dos antagonismos absurdos.

Até aqui a Ciência vinha trabalhando apenas pelo conhecimento, enquanto a Religião buscava somente religar a criatura ao Criador, marchando separadas e em oposição.

Joanna de Ângelis / Divaldo Franco

A Psicologia Transpessoal, estudando os estados alterados de consciência, indo além da consciência em si mesma, facultou a união das técnicas místicas do Oriente com a razão do Ocidente, favorecendo o entrosamento de Eros e Logos a benefício da individuação plena do ser.

Marcham, vinculadas, agora, fé e razão, contribuindo para o surgimento do ser feliz. O silêncio interior constitui o grande intermediário da paz, que dessa união advém, por desenvolver na criatura o sentimento de amor – por Deus, por si mesmo, pelo próximo –, tornando-se este amor o produto alquímico que dilui o ódio, que vence as barreiras impeditivas da fraternidade e inunda-a com os recursos e conteúdos psíquicos libertários.

O apego egoísta, superado, cede lugar à generosidade, à doação, e o indivíduo, livre de algemas, em silêncio íntimo, empreende a grande experiência de viver o *Self* em harmonia com as Leis da Vida. Isto porque, o nível mais elevado da consciência, pelo menos na graduação humana, é o cósmico, que resulta da identificação entre o Si e o Universo, mergulhando o pensamento em Deus e realizando-se totalmente.

DESIDENTIFICAÇÃO

Podemos considerar a personalidade humana constituída de essência e substância. A primeira são as energias que procedem do Eu profundo, as vibrações que dimanam da sua causalidade, e a segunda é a reunião dos conteúdos psíquicos, transformados em atos, experiências, realizações, decorrentes do ambiente, das circunstâncias, e reminiscências das existências passadas.

O ser consciente

São as substâncias que respondem pelo comportamento do ser, propiciando-lhe liberdade ou escravidão e dando nascimento ao *Eu*.

Numa pessoa média, portadora de consciência, sem a nobre conquista do discernimento e da vivência compatível, a ilusão e os engodos se estruturam, passando à posição das realidades únicas, que ignoram, por efeito, a legítima Realidade.

Essa deturpação psicológica proporcionada pelo *ego*, que se entorpece e se engana, contribui para as experiências utópicas e alienadoras, que lhe alteram a conduta, produzindo estados profundamente perturbadores.

O hábito e o cultivo dos pensamentos viciosos, de qualquer natureza, tornam-se as substâncias que formam a personalidade doentia, que se adapta aos fatores dissolventes, rompendo a linha do equilíbrio e do discernimento, empurrando para o trânsito pela senda da irrealidade.

Sem dúvida, a pessoa portadora de substâncias fragmentadoras move-se em um verdadeiro *nevoeiro,* que é mais compacto ou mais sutil, conforme as fixações, os vícios a que se aferra. Identificando-se com as ideias que lhe são convenientes – algumas de procedência psicopatológica –, adapta-se-lhes e incorpora-as, deformando a personalidade, e esta irrealidade termina por afetar-lhe a individualidade, caso não se resolva pela psicoterapia específica e urgente.

Expressam-se essas identificações nas áreas fisiológica – como sensações, e psicológica – como emoções.

Toda vez que a pessoa tenta a conscientização íntima, o encontro com o Eu profundo, a busca interior, as sensações predominantes nas paisagens físicas perturbam-lhe a decisão, impedindo a experiência. São sensações visuais, gustativas, olfativas, auditivas, tácteis, com as quais convive em regime de escravidão, e que assomam no silêncio, na concentração, ocupando o espaço mental, desviando a atenção da meta que busca.

São ruídos externos que, em outras circunstâncias, não são percebidos; imagens visuais arquivadas, aparentemente esquecidas; olfação excitada, que provoca o apetite; coceiras e comichões que surgem, simultâneos, em várias partes do corpo; salivação e desejo de alimentar-se, tomando os centros de interesse e desviando-os da finalidade libertadora.

Por outro lado, nos tentames do silêncio interior para reequilíbrio da personalidade, as sensações produzem associações de ideias que levam a evocações insensatas.

Música e perfume retornam à sensibilidade orgânica e induzem a recordações atribuladoras, com lamentáveis anseios de repeti-las e fruí-las novamente.

A mente viciada e o corpo acomodado dificultam o despertar da consciência para a lucidez.

A atividade de desidentificação, por isso mesmo, torna-se urgente.

Mediante a mudança dos hábitos mentais, do cultivo das ideias – substituindo as perturbadoras por outras saudáveis, já que todo espaço deve ser preenchido –, do exercício disciplinado dos pensamentos, passando à alteração dos prazeres e gozos ilusórios que devem ceder lugar àqueles que se expressam como manifestação da Realidade plenificadora, ocorrerá a libertação dos vícios e fixações, desidentificando-se da conduta tormentosa.

O ser consciente

Como envoltórios concêntricos que asfixiam as irradiações do Eu real, as identificações deverão ser liberadas de dentro para fora, portanto, da essência para a substância.

À medida que a consciência se desenovela dos impedimentos psíquicos, mais amplas descobertas são logradas nas áreas das identificações, que passam a ser diluídas, permitindo-a fulgir qual estrela poderosa no *velário* da noite transparente.

A consciência desidentificada com a personalidade fragmentada, enfermiça, proporciona bem-estar.

Essa conquista, a da consciência plena, faculta alegria. Como consequência, o silêncio interior consciente, responsável pela saúde psíquica e emocional, predispõe o ser ao crescimento das aspirações e ao esforço dos ideais de enobrecimento.

Nessa fase de desidentificação e lucidez plena, a consciência predispõe-se à conquista do estágio mais elevado, pelo menos na área humana, que é a sua harmonização total com a de natureza Cósmica.

LIBERAÇÃO DOS CONTEÚDOS NEGATIVOS

Graças ao atavismo predominante em sua natureza, o homem guarda as primeiras expressões da consciência em nível inferior, no qual confunde o Eu com o objeto, e a sua é somente uma percepção sensorial.

A identificação com o próprio corpo propicia-lhe uma consciência orgânica, deformada, de que se libera a pouco e pouco, avançando para a transferência desse conteúdo para outro nível de discernimento e direcionamento.

Joanna de Ângelis / Divaldo Franco

No processo de evolução, porque estagia nas faixas do instinto que o submete, vai adquirindo outros valores, sem desidentificar-se dos conteúdos fixados, em razão dos quais a marcha se lhe torna muito lenta.

A consciência individual, representando a Cósmica, a princípio parece deslocada e diferenciada. No entanto, o *Deus em nós* do conceito evangélico reflete-se nessa percepção embrionária, que se desenvolverá na sucessão das experiências até liberar-se e alcançar a totalidade.

De forma penosa, não raro, a libertação dos conteúdos negativos – paixões dissolventes, apegos, ilusões, sentimentos inferiores – faculta os anseios pelas conquistas de outros níveis, nos quais o bem-estar e a paz formam os novos hábitos, a *nova natureza* do ser.

A Psicologia tradicional, considerando patológicos os níveis superiores, define cada um deles com nomenclatura especial, por desinteresse de penetrar nos estados alterados da consciência, que levariam à constatação do ser preexistente ao corpo como sobrevivente à morte.

No nível de consciência inferior, os estados alterados demonstram que muitos desses conteúdos negativos, emergentes e predominantes, procedem das reencarnações passadas, não foram liberados, nem conseguiram diluir-se através das ações enobrecedoras.

Todos os conteúdos primitivos provêm de realizações e fixações sempre anteriores, que somente as disciplinas do esforço, da concentração, da meditação para a ação, conseguem libertar.

Em razão disso, a meditação é uma terapia valiosa para superar os conteúdos negativos, com o objetivo de liberar o inconsciente, em vez de esmagá-lo ou asfixiá-lo, e longe, ain-

O ser consciente

da, de conscientizá-lo, gerar novas formulações e identificações atuais que, no futuro, assomarão como recursos elevados.

Todos os formuladores da consciência superior são unânimes, seja no orientalismo ou na Psicologia Transpessoal, em recorrer à terapia da meditação, que faculta o autoconhecimento, preenche os vazios causados pela insatisfação, anula o eu corporal – rico das necessidades dos sentidos – para despertar os ideais subjetivos, as transferências metafísicas.

No nível de consciência superior, o Eu deixa de ser *mais* Eu, para ser uma síntese e vibrar em harmonia com o Todo.

Desaparece a fragmentação da Unidade e o equilíbrio transpessoal sincroniza com a Consciência Universal.

A característica fundamental do nível inferior, portanto, da prevalência dos conteúdos negativos, é a fragilidade do Eu profundo ante as exigências do *ego* atormentado, gerando projeções da *sombra* e desarticulando os projetos de paz.

A Psicologia espírita, por sua vez, cuidando do homem integral, distingue também nos conteúdos psíquicos negativos a ingerência de mentes desencarnadas obsessoras, que se comprazem no intercâmbio perturbador, propiciando desconforto e aflição em desforços cruéis, mediante alienações de variados cursos.

Ao mesmo tempo, seres outros desencarnados, invejosos quão infelizes, vinculados às criaturas humanas por afetividade mórbida ou despeito cruento, estabelecem fenômenos de hipnose que retardam o desenvolvimento da consciência daqueles que lhes experimentam o cerco.

Na psicoterapia espírita, o conhecimento da sobrevivência e do inter-relacionamento entre os seres das duas esferas – física e espiritual – oferece processos liberativos centrados sempre na transformação moral do paciente, sua renovação interior e suas ações edificantes, que facultam o discernimento entre o Bem e o Mal, propiciando a transferência para o nível superior, no qual se torna inacessível à indução perversa.

A meditação, a busca interna, nessa fase, são relevantes e cientificamente basilares para o processo de crescimento, de discernimento, de lucidez.

O homem avança no rumo da sua destinação, a passo vagaroso nos primeiros níveis de consciência, por desinteresse, ignorância, apressando a marcha na razão direta em que vence tais patamares e descobre a excelência das conquistas com que se enriquece.

A libertação dos conteúdos negativos é inevitável; no entanto, vários fenômenos patológicos e preferências emocionais, perturbadoras, interferem para que sejam mantidos, sendo necessário que os psicoterapeutas vigilantes insistam junto a esses pacientes em que se descubram e encontrem os benefícios dos níveis superiores.

Libertação é felicidade, e consciência enriquecida pelos conteúdos superiores significa plenitude, *Reino dos Céus,* mesmo durante o trânsito terrestre.

O ESSENCIAL

Em face do inevitável processo de crescimento do Eu profundo, a vida assume características variadas, e as oportunidades se deparam convidativas, acenando com a libertação, que somente se consegue a penosos esforços.

Na fase inicial da predominância egocêntrica, o ser projeta-se no mundo com o qual se identifica, aprisionando-

O ser consciente

-se no emaranhado das coisas exteriores, sob conflitos que não tem condições de administrar, quase sempre se desequilibrando e passando a estados neuróticos de insatisfação, ansiedade, medo ou a alucinações variadas.

O apego, essa fixação perturbadora à impermanência, a que pretende dar perenidade, constitui-lhe a meta existencial.

Mais tarde, em tentativas de desvencilhamento da situação psicológica infantil, avança para a posição egoísta, cultivando os valores pessoais, narcisistas, com os quais se engolfa, despertando na amargura, sob os camartelos do tempo degenerador e da frustração tormentosa.

O essencial, quase sempre, permanece-lhe em plano secundário na paisagem psicológica das aspirações conflitivas.

À medida que amadurece, transfere-se das coisas e prisões *egoicas* para a conquista da sua realidade: o desenvolvimento do Eu profundo que deve predominar, comandando os anelos e programas de libertação.

Somente a consciência de si propiciar-lhe-á a visão diferenciadora dos fenômenos perturbadores, em relação àqueloutros de plenificação.

Em tentativas brilhantes e sucessivas de penetrar os níveis, os patamares da consciência, psicólogos e estudiosos outros, das áreas das ciências psíquicas, levantam-lhe a cartografia que, variando de escola e estágio, segue os mesmos processos de desenvolvimento que são compatíveis com o crescimento do ser, conforme as suas experiências vivenciais na busca da saúde real.

Desejando ampliar o campo da análise dos seus pacientes, enquanto Freud fundamentava a Psicanálise e a difundia, Roberto Assagioli, na Itália, porque defrontava com dificuldades para aplicar, em alguns deles, as recomendações da doutrina que absorvera do mestre vienense, começou a trabalhar na organização da Psicossíntese, na qual encontrou mais amplos recursos terapêuticos para liberá-los, assim alargando os campos do entendimento das personalidades conflitivas.

Posteriormente, o bioquímico Robert De Ropp, estudando carinhosamente as reações cerebrais, entre outras experiências, e buscando produzir *estados alterados de consciência,* formulou as bases e os paradigmas da sua *Psicologia Criativa,* inspirando-se nas experiências de George Ivanovitch Gurdjieff, com os seus complexos contributos psicológicos e cosmológicos místicos.

Buscando interpretar o mestre russo, De Ropp classificou os níveis de consciência em cinco estágios: consciência de *sono sem sonhos;* de *sono com sonho;* de *sono acordado;* de *transcendência do Eu;* e de *consciência cósmica.*[4]

Para ele, o homem evolve de maneira inesperada, às vezes, de um para outro nível, especialmente nos dois primeiros estágios de adormecimento...

Mediante psicoterapia acurada e exercícios cuidadosos, logra-se o avanço pelos diversos patamares, até a etapa final, que se torna de difícil verbalização em face das emoções e descobrimentos conseguidos, nesse momento de perfeita integração com o que poderíamos chamar o *Logos,* o Pensamento Divino.

No primeiro nível – quando se transita no *sono sem sonhos* –, apenas os fenômenos orgânicos automáticos se exte-

---

[4] Vide: *Rumo às estrelas,* de Luis C. Postiglioni, Capítulo 20 – Espíritos diversos, Instituto de Difusão Espírita; *Médiuns e Mediunidade,* do Espírito Vianna de Carvalho, Capítulo 5, Editora Arte e Cultura (nota da autora espiritual).

O ser consciente

riorizam, assim mesmo sem o conhecimento da consciência, tais: respiração, digestão, reprodução, circulação sanguínea...

Como se estivesse anestesiada, ela não tem ação lúcida sobre os acontecimentos em torno da própria existência, e a ausência de vontade do indivíduo contribui para o seu trânsito lento do instinto aos pródromos da razão.

No segundo nível, o *sono com sonhos,* ele libera clichês e lentamente incorpora-os à realidade, passando pelas fases *dramáticas* – os pesadelos, os pavores, para os da *libido* –, ação dos estímulos sexuais, e os *reveladores* – que dizem respeito à parcial libertação do Espírito quando o corpo está em repouso...

O desenvolvimento da consciência atinge o terceiro nível, o de *sono acordado,* no qual a determinação pessoal, aliada à vontade, conduz o ser aos ideais de enobrecimento, à descoberta da finalidade da sua existência, às aspirações do que lhe é essencial, ao autoencontro, à realização total.

Naturalmente, a partir daí, ascende ao quarto estado, que é a descoberta da *transcendência do Eu,* a identificação consigo mesmo, com a consequente liberação do Eu profundo, realizando a harmonia íntima com os ideais superiores, seu real objetivo psicológico existencial.

A superação dos conflitos, das angústias, a desidentificação dos conteúdos psicológicos afligentes, permitem a iluminação, e a próxima é a meta da vinculação com a *Consciência Cósmica.*

Nem sempre, porém, o homem e a mulher conseguem alcançar esse nível ideal, fenômeno que, não obstante, será realizado através das reencarnações que lhes facultarão a vitória sobre os carmas negativos e, mediante a *Lei de Causa e Efeito,* passo a passo, em esforço contínuo poderão fazê-lo.

Da mesma forma, a reencarnação aclara a cartografia da consciência de De Ropp, quando ele analisa os níveis que diferenciam os indivíduos na imensa mole humana.

As experiências acumuladas promovem ou retêm o indivíduo nos fenômenos decorrentes das ações praticadas, beneficiando-os ou afligindo-os com as *sombras* que lhes permanecem dominadoras, na condição de *resíduos espirituais*. A consciência filtra-os e, por não os poder *digerir*, transforma-os em conflitos, perturbações, estados psicopatológicos, requerendo terapias especializadas e contínuas.

Em qualquer nível, porém, a partir do *sono com sonhos*, a vontade desempenha um papel relevante, impulsionando o ser a novas realizações e conquistas completadoras que enriquecem o arsenal psicológico, amadurecendo o essencial à vida e selecionando-o do amontoado *egoico* do supérfluo.

Psicoterapeuta Excepcional com a Sua visão realista e *criativa*, Jesus definiu a necessidade de buscar-se *primeiro o Reino dos Céus*, pois que esse fanal ensejaria a conquista de *todas as outras coisas*. É óbvio que, ao se adquirir o essencial, todas as coisas perdem o significado, por se encontrarem destituídas de valor em face do que somente é fundamental. Outrossim, alertou sobre o imperativo de *fazer-se ao próximo o que se gostaria que este lhe fizesse*, fixando no amor o processo de libertação, na ação edificante o meio de crescimento e na oração fortalecedora a energia que proporciona o desiderato.

Esse desempenho favorece a perfeita identificação do sentimento com o conhecimento, resultando na conquista do Eu profundo em sintonia com a Consciência Cósmica.

9

A FELICIDADE

PRAZER E GOZO • FELICIDADE EM SI MESMA •
CONDIÇÕES DE FELICIDADE • PLENIFICAÇÃO PELA
FELICIDADE

PRAZER E GOZO

O sentido, o significado da vida centra-se na busca e no encontro da felicidade. Constitui o mais frequente desafio existencial responsável pelas contínuas realizações humanas. A felicidade, por isso, torna-se difícil de ser lograda e, não raro, muito complexa, diferindo de conteúdo entre as pessoas em si mesmas e os grupos sociais. Confundida com o prazer, descaracteriza-se, fazendo-se frustrante e atormentadora.

A visão da felicidade é sempre distorcida, levando o indivíduo a considerar que, quando não se encontra feliz, algo não está bem, o que é uma conclusão incorreta.

O sonho humano da felicidade é róseo, assinalado pelo conforto, o ócio e o poder, graças aos quais se desfrutaria de bem-estar e gozo, inadvertidamente considerados o seu logro. Certamente as pessoas ricas dispõem, em quantidade, de horas assim vividas, sem que se hajam considerado felizes, mas antes se encontrado tediosas, e o tédio é, sem dúvida, um dos seus grandes opostos, em cujo bojo fermentam muitas desgraças.

Joanna de Ângelis / Divaldo Franco

A felicidade se expressa mediante vários requisitos, entre outros, os de natureza cultural, atavismo que lega ao indivíduo o meio social de onde se origina e no qual se encontra, de nível de consciência e de maturidade psicológica.

Esses fatores estabelecem as diferenças de qualidade do que é ser feliz, em face das variações que impõem nos grupos e nos seres humanos, demonstrando que as aspirações de uns nem sempre correspondem às de outros.

O nível de consciência e o amadurecimento psicológico estabelecem os graus nos quais se expressa, as realizações plenificadoras, os estados de felicidade.

Perseguindo-se o gozo, o prazer, experimenta-se alegria toda vez que são alcançados, assinalando-se esses momentos como de felicidade que, no entanto, não correspondem ao sentido profundo, de magnitude que ela reveste.

A interpretação equivocada conduz a buscas irreais, que perdem o significado quando se alteram os fatores que a constituem. A sua visão, em determinada época da existência, muda completamente em outro período.

A imaturidade psicológica de uma fase, a juvenil, por exemplo, predispõe a uma aspiração de felicidade que, conseguida, logo desaparece, e observada mais tarde apresenta-se desagradável, perturbadora. Por essa razão, é necessário que se entenda que a felicidade tem a ver com o que o indivíduo é e com o que ele pensa ser. A diferença, entre o que supõe ser e a sua realidade, dimensiona o seu quadro de desejos, de prazeres e gozos que interpreta como a busca plenificadora da felicidade.

Assim, a felicidade tem a ver com a identificação do indivíduo com os seus sentidos e sensações, os seus senti-

O ser consciente

mentos e emoções, ou as suas mais elevadas aspirações idealistas, culturais, artísticas, religiosas, com a verdade.

Na fase dos sentidos, o gozo se transforma depois de fruído em insatisfação, ansiedade ou depressão; no período dos sentimentos, o prazer derrapa em paixões possessivas, que dão margem a tragédias e angústias logo estejam saciados; no ciclo idealista, religioso, transcendental, a busca transpessoal fomenta a autodescoberta, a autorrealização, a autodoação, em serviços desinteressados de libertação do *ego* e participação na vida, individual como coletiva, dos seres, da vida, da Terra.

Essa busca é diferente da ambição de ser virtuoso, na qual mascara o *ego* e apresenta-o, entregando-se a macerações que ocultam gozos patológicos ou a narcisismos, em mecanismos de evasão da realidade para planos *egoicos,* masoquistas-exibicionistas, com aparência de humildade e renúncia. Quando reais, essas expressões de virtude são ignoradas pelo próprio candidato em quem são naturais, sem os condimentos do prazer embutidos na fuga psicológica que as falseiam.

Para que a identificação do indivíduo com a sua busca de serviço seja legítima, há uma perfeita união com o *Self,* de tal forma que não haverá diferença entre dar e receber, amar e ser amado, viver e morrer...

Apressadamente, há quem afirme *que a felicidade tem a ver com o princípio freudiano do prazer,* e que através desse comportamento se poderiam *satisfazer as necessidades e evitar a dor.* Não obstante, a dor não pode ser evitada. Considerá-la como um fenômeno natural do processo de evolução, encarando-a como instrumento de promoção do ser em relação à vida, eis uma forma eficaz de lograr a alegria,

Joanna de Ângelis / Divaldo Franco

superando os seus mecanismos desgastantes e as ocorrências degenerativas, que não compreendidos e aceitos com equilíbrio conduzem à infelicidade.

Da mesma maneira, a felicidade não se radica na satisfação de qualquer desejo do *ego*, porquanto, após satisfazê-lo, manifesta-se com veemência, gerando ansiedade e desconforto. Surge então a compreensão transpessoal da existência, e o desejo *egoico* cede lugar à aspiração espiritual, a uma busca mais profunda, desidentificada com os condicionamentos passados com pessoas e coisas. Provavelmente, nessa busca surgirão o sofrimento, o desconforto, que irão cedendo lugar à harmonia e ao bem-estar, à medida que se alcancem as bases objetivadas da realização plenificadora. Lentamente desaparece a frustração da vida cotidiana, alargando-se o campo do idealismo e da identificação com a deidade, mediante afirmação religiosa ou, com o Eu profundo, em manifestação psicológica. A princípio, o caminho da busca se afigura escuro qual um túnel, cuja claridade está distante, mas que se torna maior quanto mais se lhe acerca da saída. Essa busca, qual ocorre com qualquer outra, é realizada com a mente, que deve solucionar as dificuldades, à proporção que se apresentem, eliminando o sofrimento perturbador, tratando-se de um contínuo e lúcido trabalho interno.

Na busca da felicidade são inevitáveis os estágios de sofrimento e de prazer, por constituírem fenômenos da experiência humana, da realização do *Self* desidentificando-se do *ego*. O lamentável, nessa ocorrência, tem lugar com o surgimento e instalação do tormentoso sentimento de culpa, que nega inconscientemente ao indivíduo o direito de fruir a felicidade, ou mesmo o prazer, sem o estigma do sofrimento. Para fugir-lhe à imposição, busca-se o *oceano*

O ser consciente

do gozo, afogando ali os ideais mais altos na denominada opção realista, que, entretanto, consome os sentimentos e perturba as emoções, saturando-os ou desbordando-os, rebaixando-os ao nível das sensações.

Há um mecanismo castrador impeditivo da experiência do prazer, que podemos considerar como sendo inibição. Além dele, a consciência de culpa conspira contra a realização da felicidade. Tão arraigada se encontra no ser humano, que toda vez que as circunstâncias propiciam a presença do prazer – a pessoa crê não merecer desfrutá-lo, ou da felicidade – o indivíduo receia vivê-la, não se permitindo experienciá-la, surge o temor de que algo mau sucederá.

Para desarticular esse mecanismo conflitador, torna-se necessária uma tomada de consciência de si mesmo, procurando descobrir a fonte geradora da inibição, para a psicoterapia libertadora conveniente, que pode ter origem na conduta infantil – educação coercitiva, meio social asfixiante, família dominadora, ou proceder de reencarnações passadas – uso incorreto do livre-arbítrio, conduta irregular, exagero de paixões. Tal inibição, associada ao sentimento de culpa, *castiga* o ser, impedindo-o de fruir momentos de recreação, de ócio, levando-o a tormentos quando não se encontra produzindo algo concreto, o que se lhe torna uma necessidade compulsiva, portanto patológica.

Certamente não se deve viver para a ociosidade dourada, tampouco, exclusivamente, para a atividade estressante. Há todo um rico arsenal desportivo, um infinito painel de belezas naturais convidativas, um sem-número de estesias mediante a leitura, a Arte, a conversação, um abençoado campo de idealismo através da prece, da meditação, do controle da mente, que se constituem tônicos revigorantes para as ações geradoras da felicidade e dos quais todos podem e devem dispor quanto aprouver. Esses interregnos nas atividades, enriquecidos de prazeres mais amplos, são estímulos para a criatividade, a libertação de cargas psicológicas compressivas, a autorrealização.

Essa busca, do *Self* profundo, deve superar e mesmo arrebentar as resistências inibidoras, o sentimento de culpa, cujas energias serão canalizadas para a conquista da felicidade.

FELICIDADE EM SI MESMA

Considerando a felicidade como sendo a harmonia entre o *ego* e o *Self,* o descobrimento dos valores profundos do ser e a consciência da sua legitimidade que induz a conquistá-los, eleger os métodos da plenificação interior torna-se o próximo passo nessa busca desafiadora.

Quem coloque a felicidade como sendo a conquista de títulos e triunfos mundanos, destaque social e poder, desfrutar de privilégios e dinheiro, não saiu da periferia imediatista dos prazeres sensuais, que respondem pela competitividade e pelo desequilíbrio da emoção.

Jesus definiu com segurança o conceito pleno de felicidade, no conteúdo do pensamento *meu Reino não é deste mundo,* tendo em vista a impermanência da vida física, a transitoriedade do ser existencial, terrestre, em constante transformação, no seu contínuo vir a ser.

A criatura não é o que se apresenta, nem como se encontra. Esse estado impermanente é trânsito para o que se será. Em prazer ou em sofrimento, não se é isso, mas se *está* isso, conscientizando-se do *continuum* no qual se encontra mergulhado.

O ser consciente

O empenho para a busca da felicidade conduz à eleição de objetivos *fora do mundo físico*. Todavia, não é necessário alienar-se do mundo, *odiá-lo,* para conseguir por meio de transferências e fugas psicológicas. A meta além do mundo se estabelece como prioritária, porque, na vida terrestre, o que se constitui essencial numa faixa etária, noutra se transforma em pesada carga, responsável por arrependimentos e angústias insuportáveis. De acordo com as mudanças e realizações culturais, alteram-se os objetivos da busca, superando-se uns anseios e surgindo outros. Por isso, os valores sensuais tendem a produzir vazio, e as conquistas existencialistas perdem os seus conteúdos, logo são alcançadas, transformando-se em tédio.

Parte da Unidade Universal e individual nela, o ser humano pode desfrutar dos fenômenos existenciais, sem abandono da meta transpessoal, como degraus vencidos na ascensão que levará ao patamar da felicidade. Quando se adquire a consciência da Unidade e da valorização de si mesmo, sem a presunção narcisista do excesso de autoimportância, avança-se na busca, desenvolve-se interiormente, acende-se a luz da determinação de fazer-se feliz em quaisquer circunstâncias, em todos os momentos, prazenteiros ou não. Embora a felicidade não dependa do prazer, o prazer bem estruturado é-lhe caminho. A sua ausência, no entanto, em nada a afeta, por estar acima das sensações e emoções imediatas.

CONDIÇÕES DE FELICIDADE

Como decorrência de uma visão caótica e pessimista da vida, estabeleceu-se que a felicidade resulta do triunfo em qualquer área e dos prazeres de rápido deleite, o que deu origem aos de natureza material, portanto sensuais, como o orgasmo, o dinheiro, o êxito com todo refinamento de sucedâneos, desde a alimentação aos relaxantes banhos, massagens, variações de moda, frivolidades... Apesar do bem-estar que proporcionam, cedem lugar a outros anseios, convertendo-se em tormentos – conscientes ou não – geradores de conflitos por competitividade, como diante do inevitável desgaste corporal em face da idade e da doença, das fugas espetaculosas para os alcoólicos, drogas aditivas, tabaco ou depressões profundas...

Além desses, surgem, como metas felizes, os prazeres emocionais, que induzem aos relacionamentos humanos, promocionais, de lideranças e representações sociais, políticas, econômicas, religiosas, portadoras de grande valorização para o *ego*.

Essas metas, que são gratificantes, também têm o sentido do efêmero, tão rápidos são os relacionamentos, e perturbadores os *status* humanos, que não preenchem os vazios interiores. Somente quando há uma reciprocidade honesta nesses relacionamentos, quando o intercâmbio se expressa leal e afetivo, é que a felicidade se estabelece, visto que, do ponto de vista psicológico transpessoal, ela é o amar, possuir a capacidade de amar plenamente, sem imposições nem paixões *egoicas*.

Esse amor não pede e sempre doa; não tenta modificar os outros e sempre se aprimora; não se rebela nem se decepciona, porquanto nada espera em retribuição; não se magoa nem se impacienta – irradia-se, qual mirífica luz que, em se expandindo, mais se potencializa.

O ser consciente

Porque esse amor não tem apego, nunca é possessivo, portanto faz-se libertador, infinito, não se confundindo com a busca do relacionamento sexual, que pode estar embutido nele, sem lhe ser causalidade. O prazer que gera na comunhão dos sentidos não é fundamental, embora seja contributivo.

A saúde, nos seus vários aspectos, depende muito do amor, especialmente a de natureza psicológica, emocional, resultante, quase sempre dos relacionamentos íntimos, conjugais, como mecanismo completador da harmonia pessoal. Esse contributo do amor preserva também o equilíbrio mental, sem o qual a felicidade se torna uma utopia paranoica. Nesse caso, o relacionamento proporciona um bem-estar igualmente físico e espiritual, já que não se pode dissociá-los, enquanto na conjuntura carnal.

Para esse amor de plenitude torna-se indispensável uma entrega autêntica, sem subterfúgios, sem aparências, fazendo-se que sejam retiradas as máscaras e as sujeições.

A felicidade se estabelece quando os dois níveis – físico e mental – harmonizam-se, ensejando o prazer emocional e transpessoal.

Nesse passo alcança-se, mediante a criatividade, o prazer mental, o bom direcionamento da mente, que consegue alterar para melhor a compreensão do mundo.

Esse sentido da vida, essa finalidade induz a sacrifícios de bens, riquezas, relacionamentos, para a entrega à inspiração, do significado à busca da felicidade. Tal prazer não se restringe apenas à arte em si mesma, ou à cultura, porém, à vida e aos seus valores, às realizações no campo pessoal, com vistas ao bem da Humanidade, à superação do *ego*.

Joanna de Ângelis / Divaldo Franco

Um dos pontos-chave da desdita, como dos conflitos, reside na evocação dos acontecimentos infantis menos felizes, que ressumam frequentemente em ressentimentos e torturas. A crença indevida de que a infância tranquila, descuidada, sem preocupações, seria um período sem traumas, nem sempre corresponde à realidade. Sem dúvida, uma infância rósea é fator positivo, porém, não essencial à felicidade.

Certas constrições e castrações, o *relacionamento com a mãe,* as inibições e pavores infantis geram inegavelmente tormentos que surgem e ressurgem em todos os demais períodos da existência. Apesar disso, em uma visão transpessoal da vida e do ser, cada um traz consigo as predisposições comportamentais e cármicas para a atual experiência, convivendo com os *fatores que merece,* graças aos quais deve amadurecer emocionalmente e dispor-se para a autorrealização.

Qualquer tipo de crescimento, especialmente psicológico, redunda em sofrimento emocional. A libertação de uma fase – infantil, adolescência, idade da razão – ocorre como se fora um parto com dor, culminando, biologicamente, com a terceira idade, quando se dá a morte do invólucro carnal.

Os períodos infantil e adolescente são decisivos na existência, e todas as pessoas passam por dificuldades e crises durante a formação da personalidade, favorecendo conflitos compreensíveis, que levam à independência pessoal. Nem todos logram vencer as tensões internas e externas que se estabelecem a partir de então. É, no entanto, nessa fase que se definem os rumos futuros do comportamento, necessitando-se de psicoterapias emocionais e espirituais, próprias para a libertação. Mesmo essa ocorrência, feliz ou des-

O ser consciente

venturada, e sua aceitação, com o consequente crescimento, têm a ver com a estrutura profunda do *Self,* a realidade do Espírito.

Naturalmente, as recordações infantis positivas ficam submersas, sob aquelas negativas, em razão da valorização do desagradável marcar mais o ser, do que os outros, que deveriam ser mais considerados. Trata-se de um atavismo masoquista inconsciente, que predomina em a natureza humana. Assim, os problemas existenciais podem perturbar a identidade, quando o ser é frágil, psicologicamente, e sem experiências desafiadoras, espiritualmente. Mesmo nas infâncias assinaladas por dificuldades, há muita beleza a recordar e momentos inesquecíveis, que são inerentes a essa fase, exceção feita às personalidades psicopatas e arredias, que cultivam, no seu mutismo ou exacerbação, os conflitos de que padecem.

Seja, porém, qual for a herança infantil que se carregue, a busca da felicidade não deve sofrer solução de continuidade, especialmente se as vivências são conflitivas, merecendo, nesse caso, mais intensidade de reidentificação com o *Self.*

Avançando-se terapeuticamente para a libertação dos traumas, com a fixação dos propósitos e logros de saúde emocional, consegue-se dar o passo primeiro para a conquista da felicidade que logo virá.

Nos períodos de formação da personalidade – infância e juventude – é comum orientar-se o educando para as conquistas externas a qualquer preço, identificando os valores sociais e econômicos, não raro em detrimento da realização interior. Somente quando são estabelecidas metas de triunfo íntimo, é que se alcança a correta identificação do ser com os lídimos objetivos da reencarnação.

Nessa fase de indefinição, muitos indivíduos são induzidos a satisfazer as ambições malogradas ou vitoriosas dos seus pais, educadores e chefes, que projetam sua *sombra* nos filhos, alunos e subordinados, sem pensarem na realização pessoal dos seus dependentes.

Essa conduta é responsável por muitos conflitos, que impedem um discernimento claro do que seja realmente a felicidade. Diante disso, a idade da razão pode apresentar-se atemorizante e perturbada por contínuas crises existenciais.

Constatar que as conquistas feitas não são plenificadoras defrauda as aspirações e tira o sentido da vida. O triunfo e o fracasso externo também produzem a mesma frustração e incompletude.

Nesse período, a constatação do tudo efêmero impulsiona o ser na direção da felicidade, e é nesse nível de consciência que a busca alcança os patamares elevados do amor desinteressado, da paz íntima e da realização espiritual, que são as condições essenciais para culminar no encontro.

A partir daí, a reflexão se torna frequente, a oração faz-se natural e a meditação é um reconforto normal. Amadurecendo, o indivíduo irradia do mundo interior o bem-estar e passa a fruir de felicidade.

Isto não o impede de ter problemas, que passa a administrar com equilíbrio, não se perturbando, nem se deprimindo com eles.

São os problemas solucionados que proporcionam maturidade e harmonia íntima. Sem eles, como exercícios, torna-se improvável o êxito.

O ser consciente

Plenificação pela felicidade

Todo cometimento decorre da planificação mental, o que é fator de triunfo ou não, de acordo com o investimento da razão. Para a plenificação do ser, mediante a felicidade, o treinamento mental e emocional torna-se preponderante, a fim de facultar o nível de consciência compatível. Não há vitória sem esforço. Com a mente e a emoção tranquilas, experimenta-se o prazer transpessoal plenificador, gerando o campo para a capacitação intuitiva. Com ela, mediante o silêncio da mente e a calma dos anseios do corpo, o *Self* é penetrado em profundidade, e a sua percepção da realidade aumenta, facultando-lhe a conquista do conhecimento – a sabedoria que decorre da informação e da ação do amor – que o projeta em outras dimensões do Espírito.

Agigantando-se a consciência, o ser alcança a paranormalidade superior e inter-relaciona-se com os seres de faixas espirituais mais elevadas, vivendo no corpo e fora dele em plenitude.

Assim alcança a iluminação, a bem-aventurança, que são as expressões máximas da felicidade.

O encontro com a vida espiritual pujante se torna uma perene fonte de alegria, refletindo-se em todas as coisas e pessoas.

A consciência, portanto, iluminada, é a responsável final pela felicidade. No começo é apenas vislumbrada, intuída, até tornar-se realidade, sem a necessidade de alienação do mundo.

Todos os seres humanos têm direito à felicidade e devem fruí-la, desde as suas mínimas expressões às mais grandiosas, em todo o painel da existência.

Com a visão transpessoal da felicidade, tudo e todos devem ser vistos, sentidos e amados como são. A consciência os absorve com a sua estrutura.

Não seja a felicidade, no entanto, o resultado da indução externa ou de uma autossugestão, pois que se tornaria um engodo proposto e conseguido pelo inconsciente.

A intimidade, a identificação com a Unidade, de forma persistente e natural, propiciam o manifestar da felicidade, permitindo uma entrega consciente ao *Self* plenificador.

A felicidade é, portanto, uma forma de viver e, para que se torne permanente, é necessário que seja adquirido o nível de consciência do Espírito, e isto começa quando se descobre e se atenta para o que realmente se deseja da vida além dos níveis imediatos do gozo e do prazer.

10
CONQUISTA DE SI MESMO

O HOMEM CONSCIENTE · TER E SER
· A CONQUISTA DE SI MESMO

O HOMEM CONSCIENTE

Gurdjieff, o eminente psicólogo russo, em uma análise feliz a respeito do homem, referiu-se aos dois estados em que o mesmo se apresenta como decorrência do seu nível de consciência: adormecido e desperto.

O trânsito pela reencarnação enseja ao ser o desenvolvimento dos valores éticos, ampliando-lhe o espaço mental para as conquistas relevantes.

Ao mesmo tempo, quando entorpecida a consciência, antes lúcida, o indivíduo deixa-se conduzir através do mergulho nas *distrações,* que lhe constituem os interesses máximos do dia a dia, olvidando as qualidades superiores que propiciam realmente a felicidade.

Essas distrações prendem-lhe a atenção e detêm-lhe o processo de busca interior, empurrando-o para as fugas espetaculosas e as transferências das metas prioritárias, importantes, para aquelas que enganam, apaixonando-o e levando-o às conquistas vazias das coisas que não proporcionam mais do que o breve bem-estar da volúpia egoística do momento, expressa nos prazeres que logo se esfumam.

Quando convidado às reflexões profundas a respeito da sua realidade como ser imortal, encharcado pelas paixões como se encontra, não consegue deter-se em uma demorada análise de si mesmo, porque logo os pensamentos se expandem em várias direções, afugentando-o do objetivo essencial propiciador do autoencontro.

Saciado pelo gozo, embora atormentado pelo desejo de novos prazeres, a sua fixação mental é somente possível quando se refere ao campo das sensações, nas quais chafurda até a exaustão, para retornar à posição anterior de ansiedade e insatisfação.

Acostumado às ideias do imediato, que trazem respostas momentâneas, logo a seguir, qualquer projeção no tempo constitui-lhe sacrifício vão, porquanto não se dispõe a levar adiante a proposta inicial de realização demorada.

Os indivíduos psicologicamente *adormecidos* são ainda fisiológicos, não obstante possam estar projetados na sociedade e até mesmo bem considerados por ela.

Despertar significa identificar novos recursos ao alcance, descobrir valores expressivos que estão desperdiçados, propor-se significados novos para a vida e antes não percebidos...

O despertamento retira o véu da ilusão e faculta a percepção da realidade não fugidia, aquela que precede a forma e permanece depois da sua disjunção.

Estar desperto é encontrar-se partícipe da vida, estuante, tudo realizando com integral lucidez.

E mesmo o ato de dormir, para a aquisição do repouso físico, porque precedido de conhecimento do seu objetivo, torna-se um fenômeno de harmonia, sem os assaltos de *cli-*

chês mentais arquivados, que assomam em forma de pesadelos tormentosos.

A fixação do despertamento resulta dos insistentes e contínuos espaços da mente, preenchidos pelo desejo veemente de adquirir lucidez.

Tudo quanto faz, realiza-o de forma consciente, desde o ato de coçar-se, quando concentrado, até o de superar o cansaço com o seu séquito de indisposições orgânicas e psíquicas.

Estar desperto é mais do que encontrar-se vivo, do ponto de vista fisiológico, superando os automatismos, para localizar-se nas realizações da inteligência e do sentimento enobrecido.

As *distrações* habilmente se disfarçam, justificando trabalho exaustivo, repouso demorado, conversações prolongadas, caminhadas e ginásticas que consomem horas, e que, não obstante úteis, desviam da meta essencial que é o despertamento de si mesmo.

Há uma generalizada preferência humana pelas distrações, pela fuga da realidade, consumindo-se tempo e saúde no secundário, com desconsideração ou por ignorância do essencial.

Lentamente, por processo de saturação das *distrações* ou pelo imperativo de novas reencarnações, o homem aspira à conquista de outros níveis de consciência e emerge do sono, passando a identificar o atraso em que se encontra, diante das infinitas possibilidades de que dispõe.

Altera-se-lhe então a visão para a autoidentificação, entendendo que o largo período de sono é responsável pela existência dos inúmeros conflitos que o aturdem, das contradições entre o que pensa e o que faz, entre ao que aspira e o que realiza, mantendo a sensação permanente de *incompletude*.

Quando anestesiado no nível de sono, sente a mesma necessidade de completar-se, porém, identificando os meios para o tentame, arroja-se mais nas experiências do instinto, frustrando-se e sofrendo.

A razão propele-o para a tomada de consciência e, nesse estado, à medida que se envolve na libertação das cargas psicológicas opressoras, asfixiantes, passa a fruir emoções que o enlevam, aumentando o número de vivências dos logros íntimos, que lhe constituem degraus e patamares a galgar, tendo em mente o acume, que será a perfeita conscientização de si mesmo.

Ser consciente significa estar desperto, responsável, não arrogante, não submisso, livre de algemas, liberado do passado e do futuro.

Cada momento atual é magno na vida do homem consciente, e tudo quanto se propõe realizar, em vez de tornar-se desafio, é-lhe estímulo ao prosseguimento tranquilo da iluminação interior.

Usa a inteligência e aplica o sentimento em perfeita interação, avançando sempre, sem recuos nem amarguras.

Certamente experimenta as contingências da vida social, dos prejuízos políticos, das injunções do corpo, sem que tais ocorrências o desanimem ou o infelicitem.

Consciente desses fenômenos, mais se afervora na busca da harmonia, conquistando novas áreas que antes permaneciam desconhecidas.

Age sempre lúcido, e cada compromisso que assume, dele se desincumbe em paz, sem a preocupação de vitória exterior ou mesmo de superação.

O ser consciente

A autoconquista é-lhe um crescimento natural e não perturbador, assinalado pelo aprofundamento da visão da vida, totalmente diverso do comum, passando-a a transpessoal, portanto, espiritual.

Harmonizando aspirações e lutas, buscas e realizações, o homem consciente vive integralmente todos os momentos, todas as ações, todos os sentimentos, todas as aspirações.

TER E SER

Remanescem da infância física traços de insegurança, e conflitos perduram na idade adulta, em razão da falta de maturidade psicológica do ser, expressando-se como apegos às coisas e pessoas, com a consequente rejeição de si mesmo, instabilidade emocional e desajuste social.

Usando os conhecidos mecanismos de evasão da responsabilidade e sentindo-se fragilizado, o indivíduo busca a autorrealização, fixando-se em valores externos como forma de destaque no grupo social, *ignorando* a sua realidade profunda.

Sentimentos egocêntricos passam a aturdi-lo e, inconscientemente, acredita-se merecedor de tudo em primeiro lugar, com desconsideração pelos demais. Quando tal não ocorre, surgem-lhe as marcas predominantes do egoísmo e passa a reunir recursos que amontoa satisfazendo o *ego*, mesmo quando atinge os picos do poder ganancioso.

A imaturidade asselvaja-lhe e lhe obnubila a razão, que permanece asfixiada pelos tormentos do *ter,* enlouquecendo, a pouco e pouco, a sua vítima, cada vez mais ansiosa por novos haveres.

Ninguém vive bem sem a segurança de si mesmo. Quando esta não decorre do autoencontro libertador, é

Joanna de Ângelis / Divaldo Franco

buscada através dos meios externos, que envolvem o seu possuidor em preocupações de aumentá-las, em medos de perdê-las, passando à angústia de mais assegurar-se da sua retenção. Como efeito, vai traído pela *concupiscência da posse,* tornando-se *possuído* pelo objeto que supõe possuir.

Desperta-se-lhe em grau crescente a avareza que o amarfanha, e, depois da alegria fugaz da posse material, transfere-se para a ilusão da dominação arbitrária de outras vidas, de outras pessoas, acreditando-se capaz de detê-las, subjugá-las como conquistas a mais.

Autodesprezando-se, graças à insegurança íntima, não se considera merecedor de afetos, supondo que, quantos se lhe acerquem, estão interessados no que ele tem, e jamais no que é.

Porque se sente sem possibilidade de amar, embora lhe irrompam episódios de afetividade, que converte em paixões de gozo imediato, não crê que pode ser amado com desinteresse pelos seus haveres.

Assim não sucedendo e vindo a consorciar-se, ele o faz mediante cláusulas de *separação de bens,* bens que lhe são alicerces de segurança no inconsciente.

Com a percepção embotada, mede os fenômenos existenciais com os instrumentos da atividade contábil, considerando triunfadores somente os que dispõem de contas bancárias volumosas, latifúndios largos e semoventes aos milhares...

A sua louca ambição torna-o misantropo, detendo-o no pórtico das grandes realizações, sem a coragem moral para atravessá-lo, amesquinhando-o. Se vence o medo de doar algo e o realiza, necessita de ter o *ego* recompensado pela gratidão, passando à condição de benfeitor, quando tudo

O ser consciente

no mundo, com o seu caráter de transitoriedade, faz, das criaturas aquinhoadas, mordomos que prestarão contas, ou servidores encarregados de bem aplicar, qual o ensinamento de Jesus através da *Parábola dos Talentos,* no Evangelho.

O bom aplicador, além dos juros que recebe, experimenta o júbilo da realização, a imensa alegria do serviço, exteriorizada no bem-estar que proporciona.

Ninguém tem coisa alguma no mundo: nem corpo, nem valores amoedados, nem pessoas sob domínio... A incessante transformação, vigente no Cosmo, tudo altera a cada instante, e o vivo de agora estará morto logo mais; o dominador torna-se vítima; o corpo se dilui; os objetos passam de mãos...

Todo aquele que busca a posse, o *ter* e *reter,* permanece vazio de sentimentos e, porque nada é, enche-se de artefatos e coisas brilhantes, porém mortas, prosseguindo cheio de espaços e abarrotado de preocupações afligentes.

O objetivo da vida humana parte do ponto inicial no corpo – a infância – e cresce sem perder o contato com a sua realidade original, ser transcendental que é. Chegando à realização da consciência, deve expandi-la, enquanto mais se autopenetra e descobre novos potenciais a desenvolver.

Ser consciente de si mesmo é a meta existencial, conseguindo o autoamor que desdobra a bondade, a compaixão, a ação benéfica em favor do próximo.

Alguns psicólogos transpessoais concluem que, à meditação transcendental – abstrata –, os sentimentos de amor e autodoação – concretos – devem prevalecer, emulando o indivíduo a ser integral, realizado, capacitado para a felicidade.

Os conflitos então cedem lugar, quando os seus espaços são preenchidos pelas realizações expressivas, libertadoras.

A autovalorização não egoísta, despretensiosa, permite o encontro do *Self,* que se desvela com infinitas possibilidades. Rompem-se os limites que amesquinham e ampliam-se as áreas de produção que engrandecem.

Correspondendo a esse estágio, o amadurecimento psicológico faz que o indivíduo cresça sempre e cada vez mais, reconhecendo a sua pequenez, que se abranda ante a excelência da Vida que ele conquista.

O individualismo que nele prevalecia cede lugar ao amor que convive e se expande na direção dos outros, aqueles que constituem a sociedade na qual se encontra, passando a trabalhá-la, a fim de que também ela seja feliz.

A vaidade, o narcisismo, que existiam na sua personalidade, desaparecem por ausência da vitalidade fornecida pelo *ego* inseguro, que tinha necessidade de sobreviver, já que o *Self* se encontrava *soterrado* no desconhecimento.

A conquista do *Si* é realização que independe do *ter,* do *reter,* mas que não prescinde do interesse e da luta envidada para *ser.*

A segurança psicológica do indivíduo centraliza-se no autoconhecimento, na autoidentificação, no autoamor, no ser.

A CONQUISTA DE SI MESMO

A aquisição da consciência demanda tempo e esforço humano, tornando-se o grande desafio do processo da evolução do ser.

Surgem-lhe os pródromos, na fase do instinto, abrindo espaço para a razão, como fenômeno natural do desenvolvimento antropológico-psicológico-sociológico da criatura.

O ser consciente

O discernimento do *Bem* e do *Mal,* do *certo* e do *errado, e* as aquisições ético-morais aparecem, como se fossem o medrar espontâneo da essência divina de que é constituído o Espírito; todavia, o aprimoramento e a profundidade desses valores dependem do empenho, do interesse, das realizações de cada um.

Herdeiro dos arquétipos remotos dos seus antepassados, o indivíduo mantém por atavismos religiosos e culturais a *consciência de culpa,* especialmente os ocidentais, vitimados pelas heranças judaico-cristãs, no que diz respeito à desobediência de Eva, no *Paraíso,* e ao fratricídio cometido por Caim contra Abel.

A *divina punição* de Deus pela rebeldia da mulher e pela insensatez do homem, que a seguiu no *erro,* responde pelo sofrimento que os acicata, assim como a expulsão do criminoso aumenta-lhe a angústia, dando-lhe margem ao ciúme doentio e à raiva, considerando a preferência injustificável de Deus por Abel, cujas oferendas mais O agradavam...

A absurda aceitação literal do texto bíblico, que tem um caráter simbólico, quiçá para demonstrar o momento em que surge a consciência – quando o ser pode identificar o que deve, daquilo que não lhe é lícito realizar, saindo do automatismo do instinto para a seleção do discernimento racional, representados no mito da *Árvore do Conhecimento do Bem e do Mal* –, devido a interpretações apaixonadas e fanáticas, gerou conflitos que ainda remanescem nas vidas psicologicamente imaturas.

Na fase do instinto, os fenômenos biológicos automáticos não se fazem acompanhar das dores, que são maiores conforme mais seja apurada a sensibilidade, qual sucede na ocorrência do parto, que passou a ser *punição divina,* tornando a procriação um verdadeiro castigo, fruto ainda da desobediência que, milenarmente, transformou a comunhão sexual em condenável e imunda, do ponto de vista puritano e hipócrita.

Fonte de vida, o sexo é o instrumento para a *perpetuação da espécie,* não sendo credor de qualquer condenação. O ultraje e a vulgaridade, a nobreza e a elevação amorosa mediante os quais se expressa dependem do seu usuário, e não da sua função em si mesma.

Igualmente, a arbitrária eleição celeste de um por outro irmão, ambos gerados em circunstâncias iguais, teria que despertar ressentimentos contraditórios, de ciúme e de raiva, no rejeitado, que levariam inevitavelmente ao hediondo fratricídio...

De geração em geração, a criança que se sentia desprezada desenvolveu esses sentimentos perversos, perturbando o desenvolvimento da consciência e a consequente conquista de si mesmo.

Em qualquer atividade, competitiva ou não, o inconsciente desatrela a insegurança infantil, ali adormecida, e surgem os conflitos, a infelicidade, a desconfiança desastrosa.

Graças, porém, à reencarnação, o progresso do ser é imperioso, inevitável, e os mecanismos da evolução se expressam, trabalhando-o e promovendo-o a níveis e patamares cada vez mais elevados, até quando o ser, liberto dos conflitos, conquista os sentimentos que canalizará na direção de novas metas, que alcança realizando-se, plenificando-se.

Já não luta contra as coisas, mas luta pelas coisas, que aprende a selecionar e qualificar, abandonando, por superação, as paixões dissolventes e fixando os valores que enobrecem.

Percebendo-se instrumento da Vida, que faz parte da harmonia do Universo, o indivíduo supera a raiva, por au-

O ser consciente

sência do ciúme, e não compete para destruir, mas trabalha para fomentar o progresso, no qual se engaja e se realiza.

A conquista de si mesmo resulta, portanto, do amadurecimento psicológico, pela racionalização dos acontecimentos, e graças às realizações da solidariedade, que facultam a superação das provas e dos sofrimentos, os quais passam então a ter um comportamento filosófico dignificante – instrumentos de valorização da vida – em vez de serem castigos à culpa oculta, jacente no mundo íntimo.

A libertação dessa consciência doentia facilita o entendimento do mecanismo da responsabilidade no comportamento que estabelece o lema: – *A cada um conforme os seus atos,* segundo ensinou o Terapeuta Galileu.

Senhor do discernimento, o homem descobre que colhe de acordo com o que semeia, e que tudo quanto lhe acontece, procede, não tendo caráter castrador ou punitivo. Sente-se emulado a gerar novos futuros efeitos, agindo com consciência e produzindo com equidade. Tal conduta proporciona-lhe a alegria que provém da tranquilidade da realização, considerando que sempre é tempo de reparar, e postergação é-lhe prejuízo para a economia da sua plenificação.

O homem que se conquista supera os mecanismos de fuga, de transferência de responsabilidade, de rejeição e outros, para enfrentar-se sem acusação, sem justificação, sem perdão.

Descobre a vida e que se encontra vivo, que hoje é o seu dia, utilizando-o com propriedade e sabedoria. Não tem passado, nem futuro, neste tempo intemporal da relatividade terrestre, e a sua é uma consciência atual, fértil e rica de aspirações, que busca a integração na Cósmica, que já desfruta, vivendo-a nas expressões do amor a tudo e a todos intensamente.

A conquista de si mesmo é lograda mediante o *querer.*

Jesus afirmou que se poderia *fazer tudo quanto Ele fez,* se *se quisesse,* bastando empenhar-se e entregar-se à realização. Para tanto, necessário seria a fé em si mesmo, nos valores intrínsecos, que seriam desenvolvidos a partir do momento da opção.

Francisco de Assis, o santo, assim quis e o conseguiu.

Apóstolos do Bem, da Ciência e da Fé, do pensamento e da ação quiseram, e o lograram.

Homens e mulheres anônimos entregaram-se aos ideais que lhes vitalizaram as existências e, superando-se, autoconquistaram-se.

A conquista de si mesmo está ao alcance do *querer* para *ser,* do *esforçar-se* para *triunfar,* do *viver* para jamais *morrer...*

Anotações

ANOTAÇÕES

ANOTAÇÕES

ANOTAÇÕES